Mating in Captivity:

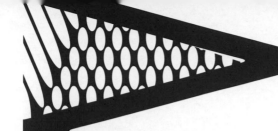

Reconciling
the Erotic + the Domestic

情欲徒刑

Esther Perel

埃絲特·沛瑞爾——著
陳正芬——譯

WILD THINGS IN CAPTIVITY

By D. H. Lawrence

Wild things in captivity
while they keep their own wild purity
won't breed, they mope, they die.
All men are in captivity,
active with captive activity,
and the best won't breed, though they don't know why.
The great cage of our domesticity
kills sex in a man, the simplicity
of desire is distorted and twisted awry.
And so, with bitter perversity,
gritting against the great adversity,
the young ones copulate, hate it, and want to cry.
Sex is a state of grace.
In a cage it can't take place.
Break the cage then, start in and try.

被囚禁的野生動物
（尤克強 譯）

被囚禁的野生動物
仍然保留原始的野性
卻無從繁殖 只能抑鬱以終
男人全被囚禁
如囚犯一般行動
菁英亦無從繁殖 他們也不知原因
家是一個大牢籠
扼殺了男人的性慾 單純的
欲望遭扭曲而變形
然後 痛苦地負隅抵抗
在困境中咬緊牙關
年輕的他們交配 厭煩 泫泫然
性愛是上蒼的恩寵
在牢籠中不可能發生
打破牢籠吧 不妨試試看

尤克強
1952年生於臺灣，在學術界二十多年的浸淫和歷練，擔任過MIT研究科學家、系主任、研究所長、管理學院院長，大學研發長，目前在元智大學擔任總務長一職。2003年赴北京清華大學擔任一年的特聘教授，開始嘗試翻譯英詩（喜歡冒險的因子在此時發酵），自此找著屬於他的阿拉丁神燈。走出學院的高牆，用生活讀詩、譯詩，在PC Home電子報上闢設英詩賞讀的專欄，至今人氣不墜。悠遊於管理學術和英詩翻譯的領域，右手（左腦）持著學術的一把刷，出版了暢銷書《知識管理與創新》，也曾經為《商業周刊》、《數位時代》和《卓越》等雜誌撰寫過管理專欄。譯詩的左手（右腦）也沒閒著，分別在2004、2005和2007年出版了英詩賞析散文集《用你的眼波和我對飲》、《當秋光越過邊境》和《未盡的春雨珠光》。

推薦序　點燃圍城密室的一把火

日常生活中我們一般人很少談論性，夫妻之間不談（Just Do It 或是 Just Don't Do It，談什麼談），親子之間不談（性教育是學校的事），親朋好友更是不談（特別是不談自己的，卻很樂意聽別人的）。不談的人往往也只是不談而已，可是還是會看、會想、會聽、甚至會做（至於做得好不好就另當別論了）。

一般人不談，可是卻有人上電視去大放厥詞（那些遊走在「保護級」和「限制級」邊緣的脫口秀，往往讓看電視的爸媽們覺得自己才是需要「被保護的一級」）；也有人寫書來談（當然有些「不善言詞」的書只讓照片「自己說話」），這其中談得過火的，還要用收縮膜包起來，再貼上特有的「十八限」標章，誘惑著被隔絕在外的讀者（特別是孔老夫子說的那些「戒之在色」的年輕人，而孔子所沒見過的「好德不如好色的老頭們」也所在多有）。

這本書沒有讓讀者「看圖說不出話」的照片（封面不會吧），也沒有收縮膜包裝來欲擒故縱，但是這本書談的就是「性」，特別是夫妻或伴侶之間的性生活和性關係。

作者是一位在美國開業的女性家庭治療師。不過，她出生在歐洲的比利時，於中東的以色列成長，然後才到美國發展；她會九種語言（顯然不會中文，否則本書就不用翻譯了）；她有老公（您也許認為這種「女性主義者」一定逃不了「老姑婆」的宿命）。當然，最重要的，還是她有家庭治療師的專業訓練、證照以及豐富的開業經驗。這本書可以算是她的成果報告。

這本書有著和其他「美式自助書」許多的不同點，這是我「悅」讀本書的樂趣所在。

最令我驚訝和反覆思辨的是書中提到的性價值多元觀，而不是「唯美式主流價值是尚」。她提到美式主流價值以平權主義、率直和實用主義為主，和拉丁美洲，甚至歐洲主流性價值強調勾引的動態變化、注重官能和兩性互補截然不同。美式自助書促銷的美式性道德全球化，往往漠視這方面的差異。

隨之而來的，就是有別於「性自主」之外的「性歡愉」，也成為她建議的另外一種選擇。不過，她所要強調的「性歡愉」不是放浪形骸而不見容於社會的那種酒池肉林的想像，而比較近於「夫妻之間有甚於畫眉者」的那種「難為外人道也」的閨房之樂。也正是在這個要旨之下，她重新檢討並肯定了性幻想和Ａ片的價值。

比較具有爭議的，我也不太苟同的，是書中對於困擾夫妻雙方的「第三者」問題。她相當有勇氣提出「誠實」之外的另一種選擇：以「保持緘默」做為她對某一位案主的建議，這也是美式主流文化之外常見的作法。當然，別以為只有這樣的建議就可以了事（真的只有這樣的話，臺灣可說是人人都是治療師了），第十章還有更詳盡的整套作法。

此外，她在書中也很願意和其他治療師的想法對話，不止滿足於提供讀者自己的一家之言。雖然她不像其他美式自助書那樣，提供練習步驟或是自我評量分數表，可是她提到自己在從事治療時，不是只靠說話互動；在言語無著處，她會帶著案主從事身體和互動行為方面的演練，讓身心對話，進而促成伴侶之間對話。

整體來說，這本書不一定讓您讀來「性」味盎然，放下書本，立地成「性學大師」。這本書比較像是在婚姻這座圍城的密室中點燃的一把火，或許可以照亮整間塵封已久的密室，或許火舌會徹底吞噬這間密室，也或許在密不透風的密室裡，因為沒有氧氣而根本無法點燃火。「性Q」的成長以及選擇都在你和你的伴侶，不在作者，更與我無關。

我們常常幻想美國在一九六〇年代性革命之後，舊的性體制已經崩解，人人自由自在，沒有性問題。看了本書所舉的例子，才發現革命之後，性解放了，可是性的烏托邦並沒有因此降臨。

而我們的性革命呢？

臺灣大學社會學系教授　孫中興

前言　圓滿的性與愛的生活

對許下承諾要廝守一生的現代伴侶而言，他們的性愛故事像是在闡述性欲的香消玉殞，其中摻雜著一大堆藉口。

近來[1]，從晨間新聞乃至《紐約時報》（*New York Times*）似乎都以性愛做為探討的主題，對於仍處於相愛階段的伴侶，存在「性趣」缺缺的情形提出警告。現今的兩人世界太過忙碌、壓力過大、太多的養兒育女經、對性愛感到倦怠，如果這一切還不足以使他們的感知鈍化，那現代人常用來抒壓的抗憂鬱藥也會成為壓倒駱駝的最後一根稻草。這對嬰兒潮世代的人來說確實是深具諷刺的發展，他們在三十年前才開啟性解放的新時代，而當這些男女和其後的世代可以隨自己高興做愛時，他們似乎對性失去了欲望。

我無意爭辯媒體上性愛相關報導的精確度，因為我們的生活壓力已經遠遠超過原本該有的重量，但我認為，當新聞幾乎將所有關注放在性關係的頻率和次數時，這些報導只能為許多感到憂鬱的伴侶提供最膚淺的理由，而故事一定不只這樣。

心理學家、性治療師、社會觀察家，與協調性欲和家庭生活的哥迪安結（Gordianknot）[2]纏鬥許久。他們發表許多忠告，例如怎麼為性愛增添有別以往的樂趣。我們被教導欲望的衰退只是時間安排的問題，改善生活的優先順位和模式就可以解決；再不然就是溝通的問題，只要用言語精確地表達性方面的要求，就可以讓性愛變得更美好。

我比較不傾從用統計的角度來看待性的問題，例如是否仍然做愛、多常做、多持久、誰先達到高潮、有多少次高潮等；相反地，我想提出的是沒有直接答案的問題——本書探討情欲和性的詩學，肉體欲望的本質及其伴隨而來的進退兩難。

愛上一個人的感覺如何？

當你對某人產生欲望時，又有什麼不同？

1 編案：本書於二〇〇六年初版。

2 哥迪安結：意指複雜且難解的問題，源自古希臘傳說，相傳西元前四世紀，小亞細亞地區的一位國王哥迪斯（Gordius）發明了哥迪安結。他把一輛戰車的車轅和車軛用一根繩子繫了起來，打了一個找不到結頭的死結，聲稱：「誰能解開這個難解的結，就可以稱王亞洲。」此結最後被亞歷山大一劍斬開。

良好的親密關係是否一定有圓滿的性愛？

為什麼升格做父母後，卻招來情欲的災難？

為什麼禁忌如此撩起人的情欲？

對已經擁有的東西，有沒有可能再度燃起欲望？

每個人都需要安全感，因而促使一般人在一開始便朝向終身相許的關係前進，但我們對於冒險和刺激也有同樣強烈的需求。現代的愛情保證能同時滿足這兩種截然不同的需求，但我無法相信。我們想從同一個人身上感受到踏實、重要性和永恆，而這在過去需要整個村落支援才行。在此同時，我們期待終身相許的關係既要浪漫，又能帶來情感和性方面的滿足。

有沒有人懷疑，許多伴侶的感情就是被這些重擔給壓垮的？在尋求安適與穩定的人身上產生興奮、期待和性欲是困難的，但並非不可能。我請大家思考以下幾種方式：

為安全感製造一些風險。

為熟悉製造神祕。

為永久不變的事製造新奇。

延續上文，我將探討現代愛情的意識型態如何與欲望的力量起衝突。

愛情在親近、彼此照應與平等的氣氛中開花結果，我們想瞭解心愛的人，留他在身邊，縮短彼此的距離。我們關心所愛的人，擔心他們，感覺對他們有責任。有些人認為愛情和欲望是不可分的，但對許多人來說，親密的情感卻阻礙情欲的表達；而用來助長愛情的關愛和保護，往往阻斷引燃情欲的非自我意識。

經過我二十年執業的一再印證，我認為許多伴侶在培養安全感的過程中，將愛情與同化對方混淆在一起，這對性愛來說並非好事。想維持對彼此的熱情與衝動，一定會有某個連接雙方的點需要跨越，因為情欲需要孤立的空間。

換言之，情欲會因為自己和對方留有的空間而更熾熱。為了能和所愛的人相互交流，我們一定要能忍受這樣的空間以及充滿不確定的狀況。

上述的矛盾值得我們深思，並且進一步思考其他問題，例如伴隨欲望的感情，往往看似降低了愛情的格調，會產生侵犯、嫉妒與不和諧的念頭。我也帶領大家探討影響家中性愛的文化壓力，這種壓力讓性愛變得公平、安全且中規中矩，但也製造出許多乏味至極的伴侶。

我想奉勸大家，如果我們在臥室裡不要有那麼多限制，或許就能夠擁有更刺激、更有趣，甚至顛覆傳統的性愛。

為了強化這個觀念，在此我先打個岔，帶領讀者來到社會史。我們看到現在的伴侶比舊時代的人，對愛情投入更多心力，然而造化弄人，就是這樣的愛情和婚姻模式，使得離婚率直線上升。於是我們要問，傳統的婚姻架構是否適用於現代，尤其當「至死不渝」所指涉的是——兩倍於過去幾世紀的壽命。

「親密」是讓一切成為可能的神奇萬靈丹。我們將從各種觀點探討這個問題的癥結，其中值得一提的是——對於女性只懂得追求浪漫、男性只想成為性愛征服者的刻板印象，應該很早以前就該被驅逐。同樣的道理也適用於——任何把女性塑造成渴望愛情、忠於對方、宜室宜家的典型，而男性則是生物性、非一夫一妻傾向且害怕親密關係。西方近代的社會和經濟變動，突破了傳統的性別界線，因此以上的特質，如今在男女身上都看得到。雖然刻板印象具備相當程度的真實性，卻未能掌握當代錯綜複雜的男女關係，於是我尋求以更兼顧兩性特徵的方式，來看待愛情。

身為家庭治療師，我曾經調整過治療的一般優先順序。在我的專業領域中，我們被教導要先詢問對方的婚姻關係是否融洽，接著詢問這樣的關係狀態如何在閨房中展現。照這種方式看來，性關係成了整體狀態的隱喻，假設婚姻關係能改善，性愛也會跟著變好。但根據我的經驗，情況往往並非如此。

傳統上，治療界偏好口語表達勝過肢體語言，然而性欲和情感上的親密性卻是兩種截然不同的語言。在探討伴侶和情欲時，我想讓身體回復到正確的重要位置。身體蘊含著真實的情感，而這個真實面卻是言語可以輕易、潦草地帶過的。在一段關係中，造成衝突來源的交互作用力，特別是和權力、控制、依賴和脆弱有關的動能，在透過身體體驗並情欲化以後，往往變得讓人渴望。性愛既能闡明親密和欲望的衝突、混淆，也是開始療癒這些破壞分子的一種方式。每個伴侶的身體都記錄著這個人曾經及該有的警惕，成為一個文本，供眾人閱讀。

提到本書的主題，也正是解釋書中某些詞彙的好時機，首先要釐清的是，我使用「婚姻」一詞，指的是長期的情感承諾，而不光是法律身分。此外，有時我喜歡在男性和女性的代名詞之間游移，但並不代表我對某個性別有批判的意思。

就如同我的名字所透露的，我持有女性的信念，然而名字沒有傳遞出的是，我還是個文化的混血兒。我在許多國家待過，希望能將廣闊或多重的文化觀帶進本書。我在比利時長大、以色列求學，最後在美國受訓結業。三十多年來在各種文化間穿梭，以旁觀者的角度觀看一切。而這個有利的位置，使我在觀察人們如何發展出情欲、如何與他人接上線、如何敘述愛情，以及如何享受身體愉悅時，產生了多元的觀點。

我以臨床醫師、教師和諮商師的身分，從事跨文化的心理學研究，也藉此將個人經驗轉移到專業工作中。由於我把焦點放在文化的過渡，因此我和三個不同族群的人交過手，包括庇護家庭和國際家庭（這兩個族群這陣子變動最大，儘管其理由大不相同），以及跨文化的伴侶（包含不同種族和信仰的結合）。

就以跨文化的伴侶來說，文化的移轉並非源自地理位置的改變，而發生在這些伴侶的起居室中。真正引起我興趣的是，文化的合併對兩性關係和養育子女的影響。我思索婚姻的諸多意義，婚姻的角色，以及其在家庭體系中的地位，如何隨著國情而變化。這是伴侶的私密行為，還是兩個家庭的共同事務？我在治療的過程中，試著區分許諾、親密性、愉悅、高潮和肉體背後有關文化的細微差別。愛情或許有普遍現象，但它在每種文化之下的架構，早已被許多不同的語言所定義，包括字面定義和圖像定義。我對兒童和青少年性行為的對話特別敏感，因為針對兒童的訊息最能顯露社會的價值觀、目標、誘因和禁忌。

我擅長九國語言，有些語言自小在家中習得，有些在學校，幾種在旅行中學會，其中又有

一、兩種是透過愛情學會的。在執業的過程中，也曾被要求運用我對多元文化的嫻熟度，以及通曉數國語言的技能。我的患者裡有異性戀者也有同性戀者（當時我沒有跟雙性戀族群合作），有已婚、訂婚、單身和再婚人士，年紀有大有小，跨越多種文化、種族和階級，他們的故事突顯了文化和心理學的力量，而這些力量影響我們如何去愛，以及表現欲望的方式。

本書以我的個人經驗做為闡述基礎，在我的經驗中，對我性格形成影響最鉅的因素，說來有些迂迴，但我必須透露給各位，因為那是引燃我研究熱情的動機。

我父母都是納粹集中營的倖存者，幾年來每天面對死亡，他們分別是他們家族中的唯一生還者。他們走出這段經驗，比正常人更懂得主宰自己的命運，並且過好每一天；他們都覺得，能夠再活一次就是上天給予的獨特禮物。我認為他們與一般人不同，不光只想存活，還想重生。他們對生命飢渴，因為愉快的經驗而充滿活力，而且喜歡盡興地玩樂，營造感官享受。

我對他們的性生活毫無所悉，只知道他們有兩個孩子，就是我與我的兄弟。但是，我從他們的生活方式，感受到他們對情欲有種深層的理解。即使我對他們是否使用情欲這個字眼感到懷疑，但他們確實將它的神祕意義，具體化為活力的特質。這是通往自由的途徑，而不止是現代人對於性愛的狹隘定義，我就是用這個經過延伸的理解，來處理書中有關情欲的討論。

還有一股強大的影響力促成本書誕生。我丈夫是「哥倫比亞大學・國際創傷研究計畫」（International Trauma Studies Program）的主持人，他的工作是為受庇護者、戰亂兒童、受虐者提供協助。這些倖存者藉由回復創造力、遊戲、愉悅的能力，終於與「生命與賦予生命活力」的希望重新接軌。我丈夫面對痛苦，而我則面對愉悅，兩者有密不可分的熟悉感。

我對本書裡提到的個案成員銘感五內。他們的故事個個屬實，且幾乎一字未改，惟文中身分已經過修飾。在寫書的過程中，基於通力合作的精神，我也向他們分享書中的許多內容。我的很多構想都經由工作衍生而來，而不是先有構想才有工作。本書中的概念，也大量運用許多專業人士與作者處理「愛情與欲望曖昧不明」的審慎思維。

在我每天的工作中，在大量統計數字的背後，我都會面臨現實生活裡的各種細微景況。我見過許多當不了戀人的超級好朋友；見過堅持性愛必須自動自發，導致最後變成無性生活的戀人。我也見過嫌勾引太麻煩，認為既然兩人已經互許終身，就不該被迫做愛的伴侶。我還見過一些相信親密關係意謂瞭解對方每件事的人，他們捨棄兩人之間該保留的空間，然後才納悶祕密跑哪兒去了。我見過一位妻子寧可背著「性冷感」的標籤度過餘生，也不願向丈夫解釋前戲不能只是實際演練的前奏曲。我見到人們拚命抗拒夥伴關係的制式化，以至於甘冒任何風險，也要與某人享受片刻被禁止的刺激。我見到伴侶的性生活因為外遇而重生：也見過一些人因為外遇，使原本與伴侶僅有的一點感情，蕩然無存。我見到一些年長男性因為「小老弟」最近毫無反應，有被背叛的感覺，於是衝去買威而鋼來緩解焦慮，而他們的妻子因為自己的消極被動突然遭到挑戰而不自在。我看到新手父母的情欲，因為照顧嬰兒而逐漸磨耗，孩子讓他們筋疲力盡，導致他們忘了要三不五時關上房門做愛做的事。我見到觀賞網路色情影片的男人，不是因為覺得老婆沒有魅力，而是因為她缺乏熱情，讓他懷疑自己渴望性愛是否出了問題？我見到有些人對自己的性欲感到羞愧，以至於想避免心愛的人此受此折磨。我看到人們知道自己是被愛的那個人，但卻希望自己也是被人所渴望得到的。

上述的這些人都來見我，因為他們渴求情欲的活力，有時他們惴惴不安地前來，有時則是帶著絕望、灰心與氣憤而來。他們不僅缺少性愛的實際行動，也缺少性愛給予他們的情感、樂趣和煥然一新的可能。在我與這些追尋者對話，努力朝向超越性更進一步時，也邀請大家一同思考。

凡是渴望每隔一段時間便能心跳加速的人，我告訴他們：興奮刺激和不確定性是糾結不清的，並且和我們願意擁抱的未知相關。只不過這樣的未知性，也會讓我們感覺自己不堪一擊，所以我警告來找我的人，所謂的「安全性愛」根本不存在。

然而我應該指出，並非所有愛人都尋求激情，或都曾經舒舒服服地置身於激情中。有些關係源自溫暖、溫柔和撫育的感覺，他們選擇留在比較平靜的水裡，建立在耐心而非激情的愛情。對他們而言，長久的關係中的寧靜才是重要的，產生情欲沒有一套模式，也沒有一定正確的作法。

本書想讓讀者進入誠實、受啟發且具挑逗性的討論，鼓勵大家質疑自己，說出不敢說的話，不再害怕挑戰性欲與情感的正確性。我把情欲生活和家居生活的門一推，邀請各位把X[3]再放回SEX（性）裡，以擁有圓滿的性與愛的生活。

3　X：指各種未知與可能，也代表希望。

目錄

最原初的火就是性欲（sexuality），它燃起了情欲（eroticism）的紅色火焰，而情欲繼之又燃起另一個搖曳不定的藍色火焰——愛情（love）的火焰。情欲與愛情是生命的雙重火焰。

——歐塔維歐・帕茲，《雙重火焰》（Octavio Paz, *The Double Flame*）

第一章

從冒險生活到囚籠生活：

追尋安全感，為何削弱情欲的生命力？

紐約市的派對，活像人類學的田野調查，你永遠不曉得今晚會遇見誰或發現什麼新鮮事。最近我參加了一場自命時尚的聚會湊熱鬧，一如這個由高成就者組成的城市會發生的事一樣，人們在還沒問我姓啥名啥前，先問我從事哪一行。

我回答：「我是治療師，目前在寫書。」站在我身旁的年輕帥哥說他也在寫書，我問他：「你寫怎樣的書？」他回答：「物理學的書。」於是我禮貌性地又擠了個問題：「哪一種物理學？」我記不得他答什麼，因為當某人問我：「那妳呢？妳的書又是寫什麼的？」這時我和物理帥哥的對話便戛然而止。

「伴侶和情欲。」我回答。

我的「人氣」不曾像我在撰寫有關性的書籍時這麼高，包括在派對或在計程車上，在美甲沙龍或在機場裡，又無論是跟青少年在一起或是跟老公在一起。我發現有些話題會把人嚇跑；有些則彷彿吸鐵般，讓大家都找我聊天。當然，那不表示他們對我說的都是實話。

若是說有哪個話題總是讓人言不由衷，肯定非「性」這個話題莫屬。

「伴侶和情欲的什麼？」有人問。

「我正在寫有關性欲本質的書。我想知道，維持長期關係的伴侶，他們之間的性欲有沒有可能不隨時間減少，能歷久不衰。」我回答。

「性不見得需要愛，但愛一個人卻不能沒有性。」一位站在外圍，還沒決定要加入哪邊對話的男士說。

「妳主要針對已婚夫妻嗎？而且是異性戀夫妻嗎？」又一位男士問。這個問題被我解讀成：這本書對我也適用嗎？我趕忙解除他的疑慮：「我探討形形色色的夫妻，包括異性戀、同性戀，年輕或年長，互許終身或是還沒認定對方的伴侶。」

我說，我想知道兩人世界究竟能否永遠存在著生命力和興奮感，如果答案是肯定的，又要用什麼方式才能達成。「互許終身」是否先天就存在一種扼殺欲望的結果？有沒有辦法能保有兩人世界的安全感，但卻不需要屈就於一夫一妻的限制？換言之，我不禁懷疑，究竟有沒有可能達到潛文帕茲的詩裡提到的意象——愛與情欲的雙重火焰。

我經歷過許多次類似的對話，我在這場派對裡聽到的評論，可說是了無新意。

「辦不到的啦。」

「這就是一夫一妻制的癥結所在，你不覺得嗎？」

「所以我才不願意定下來。這跟恐懼無關，我就是痛恨枯燥乏味的性。」

「戰勝時間的情欲？來個一夜情如何？」

「關係會演進，激情會變質。」

「有了小孩以後，我對激情就不抱任何希望了。」

「有些男人是用來睡的，有些則是用來結婚的。」

公開討論經常出現一種現象，就是最複雜的爭議往往一下子就會造成兩極對立，一點點的細微差異便會遭到誇大。於是在浪漫派和務實派人士之間，畫了一道楚河漢界。浪漫派拒絕沒有激情的人生，信誓旦旦絕不放棄真愛，他們長年尋尋覓覓，想找到讓自己永遠性致盎然的對象。每次只要情欲消退，他們就做出「愛情不再」的結論，因為如果性欲下降，愛情肯定也活不久。他們哀怨興奮感的消失，恐懼就此被套牢。

對立陣營則是一群務實人士。他們說，恆久的愛情比熾熱的性愛更重要，而激情會使人做出蠢事，所以是危險的、有破壞性的，建立在激情下的婚姻不堪一擊。套句瑪姬．辛普森（Marge Simpson，譯註：《辛普森家庭》的卡通人物）的不朽名言：「激情是給青少年與外國人的。」對務實派來說，成熟勝過一切，最初的興奮變成深度的愛意、互敬、共同體驗和相互作伴，情欲消退在所難免，應該勇敢度過，而且變得更加成熟。

對話進入尾聲，兩個陣營都以夾雜憐憫、疼惜、嫉妒、惱火和毫無保留的輕蔑瞪視對方。然而，儘管他們把自己定位在各自陣營，卻都同意「激情會隨著時間冷卻」的基本前提。「有些人奮力抵抗著愛情由濃轉淡，有些人則黯然接受，但你們似乎都相信情欲會褪色，至於濃情轉淡究竟有多重要，你們就沒有共識了。」我做出評語，浪漫派重視感情的濃烈度更勝安穩，務實派則是安全感勝過激情。但是，這兩種人經常落得失望的下場，因為幾乎沒有人能高高興興地活在其中一個極端。

與往常一樣，我被問到我的書能否提供解決之道？人們到底可以做何種努力以維持激情？這個問題背後隱藏的是渴望生命衝動（élan vital）的祕密，顯示擁有旺盛生命力的情欲能量突然飆高，無論人們用任何關於安全和保障的理由說服自己安定下來，仍希望激情能永遠存在於生命中。因此，我愈來愈能理解並體會人們從思索激情無可避免地消失，轉而開始盼望激情回復的那個當下。

此刻，真正重要的問題出現：處在同一段關係的愛與情欲，究竟能不能不隨著時間消逝？要怎麼辦到？究竟哪種關係才能達到這樣的境界？

在終身關係中，尋找刺激

你說我是理想主義者，但我確信愛與情欲並不互相排斥，只是兩者不一定同時發生。安全保障與激情都是人類的基本需求，只是來自不同的動機，往往把人拉向不同方向。思慮極度縝密的心理分析師史蒂芬．米契兒（Stephen Mitchell）為思索這難解的謎，在其著作《愛能否永恆？》（*Can Love Last?*）中提出基本架構，依據他的解釋，每個人都需要永恆、可靠、穩定和持續等安全保障，這些覓食、築巢的本能，以人類的經驗為基礎，但我們也需要新奇的事物和改變，需要繁衍後代的力量，使生命豐盈、充滿活力。於是，風險和冒險成了不可忽視的存在。我們跟著矛盾走，一面尋求安全和可預測性，但對五花八門的事物卻又樂在其中。

有沒有見過孩子到處探索，繞了一圈後又跑回來確認爸媽還沒走開？為了走進世界發掘新事物，孩子需要安全感，而一旦探索的需求獲得滿足，又想回到安全基地，重新接觸那裡的人事物。長大成人後，故事重新上演，但這次換成情愛遊戲。大膽冒險和尋求根基、保護的時期會交替出現，人或許會在兩者間游移，但通常會在某個偏好上定下來。

人類如此，所有生物也如此，凡是有機體，都需要成長期和平衡期的交替出現，任何暴露在無止盡新奇事物和改變的人或制度，都有落入混沌的風險，但太過死板或靜態的人或制度，又會導致生長停滯，乃至死去。變化與穩定間無休止的游移，就像是船錨與浪潮一般。

成年人的關係恰好反映這種動態變化。我們想在伴侶身上找到穩定、可靠的錨，又期待愛情帶來超越正常限度的感受，帶我們飛越日常生活。如何將安全與可測性的需要，與追求刺激、神祕和敬畏感的願望調和，將是現代夫妻的挑戰。

對少數幸運的人來說，以上幾乎不成問題。這些伴侶不費吹灰之力，就把「清洗車庫」之類的無聊工作，融入「替對方擦背」的情欲遊戲中。對他們而言，終身相許與興奮、責任、玩耍並不衝突，他們可以一邊計畫買間房子，一邊想著要在裡頭撒野；可以為人父母但仍然相愛。他們能把平常的事，與異乎尋常的事天衣無縫地融合在一起。但是對其他人來說，在終身的關係中尋找刺激，簡直就是苛求。不幸的是，許多愛情故事發展到最後，都為了安定而犧牲激情。

為什麼不再關心他？

阿黛兒走進我的辦公室，一手捏著吃了一半的三明治，一手拿著剛剛在飛機上做好的文件。

三十八歲的她，是某律師事務所的資深律師，嫁給艾倫七年，兩人都是第二春，並生下女兒愛蜜莉雅，今年五歲。阿黛兒穿著簡約高雅，但頭髮看來倒是該修剪了。

「我就開門見山吧！百分之八十的時間，我對他還算滿意，真的。」這個條理分明的女強人，還真是一分鐘都不浪費。「有些事他絕口不提，他這人不會侃侃而談，但他真的是個好人，我覺得自己好幸運。我們都很健康，錢也夠用，房子從沒出過問題，下班途中也不必躲子彈，我知道外頭治安可壞的咧。那，我到底還在要求什麼？

「我看我的朋友馬克，他離第三次婚了，原因是對方無法給他啟發。於是我問艾倫：『我能給你啟發嗎？』猜他怎麼說？『妳啟發我每個禮拜天要下廚煮雞。』他的紅酒燉雞好吃到不行，知道為什麼嗎？因為他知道我愛吃，想討我歡心。所以啦，我試著搞清楚我到底遺漏了什麼。妳知道的，結婚第一年那種飄飄欲仙、興奮刺激、好像胃裡打了個結似的感覺，是肉體激情嗎？我甚至不曉得還能不能再度感受到。當我跟艾倫提起時，他擺了個撲克臉。『喔，妳又想談布萊德和珍啦？』就連布萊德．彼特跟珍妮佛．安妮斯頓都會厭倦彼此，不是嗎？我讀過生物學，知道性愛是怎麼回事，過度使用會如何導致反應遲鈍，這些我都懂。對啦，興奮感會消退。但是，即使我產生不了蝴蝶飛舞般的感覺，我也想有某種感覺。

「我那務實的一面，知道一開始的興奮，是來自於不清楚對方感受的不安全感。交往時聽見電話鈴響之所以興奮，是因為不曉得是不是對方打來的。而現在他到外地時，我會叫他別打電話，以免把我吵醒。比較聰明的我會說：『我不需要覺得沒有安全感，我已經結婚生子，所以我不用每次他到外地時，都得擔心他喜歡我嗎？他不喜歡我嗎？他會不會偷腥？』妳知道雜誌上〈如何分辨他是真的愛你〉之類的心理測驗，我不需要擔心那些，目前我對我老公沒這層顧慮。但是，我想重新抓住些許當年的興奮感。

「上了一整天班，總算可以回家照顧愛蜜莉雅、煮晚餐、洗碗，確認事情都做完了，而我卻壓根兒沒想到『性』。我甚至不想跟任何人談話，有時艾倫在看電視，我走進臥室閱讀，光這樣就讓我很開心，所以，我到底想表達什麼？因為我說的不只是性，我想以女人的身分被認識——既不是母親，也不是妻子，更不是伴侶。我也想認識身為男人的他，可能是一個凝視、一個撫摸或一句話，我想在沒有任何包袱的情況下被他注視。

「艾倫說，這是雙方面的。他說對了，不是我隨便套一件衣服就能改變情況，何況現在的我早已厭倦『讓我覺得自己是特別的』這一套。我們剛交往時，我送他一只公事包當做生日禮物，那是他在某家店的櫥窗看到而且很喜歡的包包，裡頭還擺了兩張到巴黎的機票。今年他的生日，我給了他一片DVD，還約了幾個朋友一起吃他媽媽做的肉捲，為他慶生。我對肉捲沒意見，但情況就是演變成這樣。我不知道我為什麼不多花點心思，而變得漠不關心。」

阿黛兒劈里啪啦說了一堆，清楚地表達了堅定愛情中的安適，以及這份安適如何讓兩者之間的張力和情欲日漸沉默。熟悉確實令人放心，它帶來的安全感是阿黛兒從沒想過放棄的。在此同時，她也想重新抓住她和艾倫在一開始曾擁有過的活力與興奮，她既想安適，又想來點重口味，而且她希望是跟他一起度過。

我應當獲得性歡愉

在不久以前，倘若看到老公就顯得情欲高漲，肯定會被視為一種自相矛盾的現象。過去，婚姻與激情這兩種生活各行其道，婚姻站一邊，而激情要嘛沒有，要嘛就可能在婚姻之外。浪漫愛情的概念在十九世紀末才出現，這時才將婚姻和激情相提並論。至於性愛在婚姻的核心地位與對性的更高期待，則是在那之後幾十年才發生的。

過去五十年來，社會與文化的變遷改寫了現代的伴侶關係，舉凡六〇年代的性革命、婦女解放、避孕藥丸的問世和同志運動的崛起等，艾倫與阿黛兒都可說是受益者。避孕藥的廣泛使用，使性交不再只是為了傳宗接代，女性主義和同志尊嚴的抬頭，爭相把性欲的表達界定為不可被剝奪的權利。安東尼·紀登斯（Anthony Giddens）在《親密關係的轉變》（*The Transformation oIntimacy*）中描述這種變遷，他解釋性欲是與生俱來的，在人的一生中發展、界定並重新協商。如今，我們的性欲是不受限制的個人課題，是身為人的一部分、一種身分，不再只是某件該做的事。性愛已經成為親密關係的核心特徵，我們堅信自己本當在性方面獲得滿足，所謂「愉悅的年代」已經來臨。

這些發展加上戰後的經濟榮景，造就一段無與倫比的自由與個人主義時期。今日的人們被鼓勵追求個人成就與性歡愉，並破除在此之前，義務、責任加諸於社會與家庭生活的限制。但是這明顯的奢侈期盼，伴隨的卻是前所未見、惱人的不安全感。家庭、社群和宗教的擴張，也許真的限制了人的自由和性行為，但也相對地給了你我更需要的歸屬感。好幾代以來，這些傳統歸屬提供秩序、意義、連貫性與社會支持。如今它們的功能衰退，使我們擁有比過去更多選擇、更少限制。我們更自由，但卻也更孤單。一如紀登斯形容的，從存在論的觀點看來，我們變得更焦慮。

我們將這種不穩定的焦慮帶進愛情關係裡頭。愛情不僅提供精神食糧，讓我們獲得呵護並找到伴侶，如今人們也期待愛情能夠做為療癒存在孤單感的萬靈藥，期望伴侶能讓我們擺脫現代生活的無常。這倒不是因為這年頭的人比早期更沒安全感，而是現代生活剝奪了傳統的資源，讓我們轉而從某個人的身上尋求保護和情感慰藉，而這在過去原本是由眾多人組成的社會網絡所提供。成年人的親密關係，已經被期待壓得喘不過氣來。

當然，當阿黛兒描述她的婚姻狀態時，並沒有想到現代人的煩惱。但我相信，由於我們將某些現代的痛楚帶進愛情，也讓它的危險度升高。我們在距家人數英哩外生活，離鄉背井、成為異鄉客，不再認得兒時玩伴，所有不連貫性都有累積作用，我們把自己幾乎無法忍受的存在脆弱性，帶進與親密愛人的關係中，彷彿愛情本身還不夠危險似的。

習慣與重複會扼殺欲望

某種威力強大的魅力魔法，讓你遇見某人。那是個甜蜜的反應，總是讓人驚呼連連。你感到無限可能、希望無窮，覺得自己脫離世俗，進入充滿情感和魅惑的世界。愛情將你一把抓，也讓你感到充滿力量。你珍惜這種快感，希望它永遠存在，但同時也感到害怕，你的執著愈深，失去的也愈多，於是想讓愛情更安全。你設法修補愛情，使它變得可靠；你做出初次的承諾，心甘情願放棄一點點自由，換得一點點安定。你用習慣、儀式、親暱的小名等讓人放心的小手段製造安適，但興奮刺激注定讓你的愛情走向某種程度的不安全。你那輕飄飄的感覺源自不確定性，而今你設法控制它，也將兩人關係的生命力消耗殆盡。你享受安適卻又抱怨束縛，你懷念起以往的隨興，在你企圖控制激情的風險時，激情也在你的馴服下消失。於是，無趣的婚姻就此誕生。

儘管愛情許諾我們必定脫離孤單，但同時也加深我們對人的依賴。愛情在先天上是不堪一擊的，我們往往用控制來緩和焦慮。如果能壓縮彼此的距離，讓確定性升到最高、威脅性降到最低，並且包容未知，我們會覺得更有安全感。然而有些人卻如此奮力抵抗著愛情的不確定性，導致與多姿多采的愛情漸行漸遠。

長期關係存在一種明顯的傾向，那就是偏愛可預測的生活勝過未知的生活，但情欲卻往往因為不可預測而更熾熱。習慣與重複會扼殺欲望，欲望是難以駕馭的，它企圖頑強抵抗我們的控制，所以情況會變成如何？我們不想拋棄安全感，因為我們的關係得仰賴它。肉體和精神的安全感，是有益健康的愉悅，也是兩人關係所不可或缺的，但少了不確定性也就沒有了盼望、期待與悸動。激勵專家安東尼．羅賓斯（Anthony Robbins）解釋，關係中的激情和個人能承受的不確定性成正比，這真是一針見血的結論啊！

跳脫婚姻的情境去看伴侶

如何將不確定性帶進親密關係？如何創造溫和的不平衡？其實它老早存在了。東方哲學家早就洞悉，唯一不變的就是變。人生苦短、生命無常，當我們自以為能使關係恆久，安全感永不消失，這真不是只有一點點傲慢自大。有句諺語說：「如果想逗上帝笑，就把你的計畫跟祂說。」但是，我們在盲目的信仰中徐徐前進，身為現代世界的忠誠公民，我們相信自己的本事。

我們將剛萌芽的激情，比喻為青春期特有的興奮，不僅稍縱即逝而且不真實。放棄激情，換來的是等在另一頭的安全感，但是當我們用激情交換安定，難道不也是拿幻想去交換另一件事？米契兒指出，對永恆的幻想也許會蓋過對激情的幻想，但是永恆與激情都是想像下的產物。我們渴望恆久不變，也會想方設法獲得，但卻永遠得不到保證。無論我們多麼奮力抵抗，愛一個人總要冒著失去的風險，也許是禁不起批評、被拒絕、生離死別等考驗。想引進不確定性，有時只需要放下確定性的錯覺，認識另一半固有的神祕性。

我向阿黛兒表示，如果不希望對另一半的欲望隨時間遞減，一定要能把未知帶進熟悉的空間，套一句普魯斯特（Proust）的話：「真正的發現之旅並非尋找新風景，而是擁有一雙新的眼睛。」

阿黛兒回想過去經歷類似認知轉移的瞬間，她說：「說件兩個禮拜前發生的事。簡直太罕見了，我至還記得那一刻。我們去參加公司活動，艾倫跟幾位同事聊天，我看著他，心想：他好有魅力喔。當時幾乎是怪異到恐怖，有點像靈魂出竅的感覺。妳知道是什麼有魅力嗎？有那麼一刻，我忘了他是我老公，忘記他是混蛋、討厭鬼、固執的傢伙，忘記我被他氣得半死，忘記他總是把東西亂丟在地板上。就在那一瞬間，我眼中的他彷彿從未發生那些事，而我就像當初那樣被他吸引。他聰明過人，談吐得體，有種撫慰人心的魅力。到早上兩個人還你一言、我一語吵得不可開交，原因不外是我快遲到了，你為什麼做這件事，耶誕節到底怎麼計畫，或者被迫談論對方母親。我遠離了那些狗屁倒灶的事和荒謬對話，就只是看著他，有了奇妙的轉變，我不曉得他對我是否也還有那樣的感受。」

我問阿黛兒，她有沒有把那次經驗告訴艾倫，她立刻說沒有。「才不咧。他會取笑我。」可見浪漫之所以褪色，與其說是因為熟悉造成的局限和現實的沉重，不如說是因為恐懼。情欲是有風險的，人們不容許自己一時半刻將枕邊人理想化並產生強烈欲望，這麼做等於接受對方統治，這可是會讓人感到不安定的。當伴侶在自己的意志和不受拘束的情況下獨立自主，也讓兩人的聯結更顯脆弱，所以當阿黛兒納悶艾倫對她是否也有相同感覺時，她的脆弱也愈發明顯。

這種對威脅的典型防禦，就是待在熟悉的領域，有些雞毛蒜皮的鬥嘴，還有自覺自在的性愛。日常生活的情景，把我們跟現實拴在一起，禁止任何逾越的機會。

可是，當阿黛兒跳脫婚姻的情境注視艾倫，從變焦鏡頭轉到廣角鏡頭，突顯了他身為另一個個體的事實，從而提高他在阿黛兒心中的魅力。她將他視為男人，將一個熟悉的某人，變成歷經多年依舊不可知的人。

別自以為瞭解你的另一半

如果所有關係都內含不確定，那麼神祕感也是。許多前來尋求治療的伴侶，自以為瞭解另一半的一切。

「我老公不喜歡講話。」

「我女友從不跟別的男人打情罵俏，她不是那一型的。」

「我的愛人不做治療。」

「你幹嘛不直說？難不成我是你肚裡的蛔蟲？」

「我不必花大錢買禮物給她，她知道我愛她。」

我拚命地強調他們對另一半瞭解相當有限，鼓勵他們恢復好奇心，到與對方隔絕的高牆後頭瞄一眼。

事實上，我們對另一半的瞭解程度，絕對沒有自己想像的那麼高。米契兒提醒我們，即使是最乏味的婚姻，要完全洞悉另一半依舊是個幻想。我們對恆久不變的需要，限制了我們願意瞭解枕邊人的程度，我們似乎有種特質，以為對方符合某種形象，而那種形象往往是我們根據自己的一套需要，以自己的想像虛構而成的。

「他這人從不焦慮。他像顆石頭，我就很神經質。」

「他太懦弱，根本離不開我。」

「她完全無法忍受我的胡扯。」

「我們都是很傳統的人，即使她有博士學位，但她真的很喜歡在家帶孩子。」

我們眼裡只看到自己想看的，又容忍看見的事，伴侶也是這樣。我們將彼此的複雜簡化，方便處理相異性的問題；把伴侶窄化，在他們威脅伴侶關係的既有秩序時，忽略或拒絕其中的必要部分。我們也簡化自己，用「愛」的名義，放棄自己大部分的個性。

但是，當我們把自己和伴侶定位成特定主體，對激情的消失也就無須大驚小怪。而且我必須很遺憾地說，這將是個雙輸的局面，就算你把激情趕出門外，也得不到真正的安全感。一旦其中一方不照腳本走，堅持把更真實的面貌帶進關係，這時杜撰的平衡狀態就會更顯脆弱。

查理和蘿絲就是如此。兩人結婚近四十年了，花了很多時間瞭解對方。查理相當外向，喜歡在人與人之間穿梭，生性就愛拈花惹草。他熱情洋溢，需要一個包容他的人，幫他疏導讓他分心的過剩精力，他說：「要不是蘿絲啊，我想我今天不會家庭事業兩得意。」

蘿絲堅強、獨立、思路清晰，生來就處變不驚，剛好調節查理的狂放不羈。依照兩人的講法，她就像固體，而他則是液體。

蘿絲在認識查理前，曾有幾次闖入激情境地，感覺差點被淹沒，最後落得人財兩失，悶悶不樂。對她而言，查理代表她不必擁有的激情。她害怕失去控制，查理則擔心太過陶醉在失控狀態中，互補的關係使他們得以在被局限的空間內健康成長。

美妙的安排相當合理地順利運作，直到某一天為止。生命中經常發生這樣的情況，有那麼一瞬間，我們赫然發現每天運作順利的事情突然不再可行，這經常伴隨著重要事件的發生，促使我們重新檢討生命的意義和結構。

突然間，昨天運作順利的妥協，如今卻成了再也無法容忍的犧牲。對查理而言，母親和好友相繼去世，加上對自身健康狀況的憂心，使他強烈意識到自己也不免一死。他想為生命充電，發洩活力，重新找回旺盛的精力，那是他為了和蘿絲在一起而刻意約束的部分，他再也無法忍受將那部分隱藏起來，哪怕失去蘿絲長久以來所給予的踏實感。然而，每當他試圖談論這方面的飢渴，蘿絲卻覺得備受威脅，於是搪塞他：「你的中年危機又發作了不成？你想怎樣，你是想買輛紅色跑車嗎？」

這些年來，蘿絲和查理都曾有過短暫外遇，彼此心裡有數，但細節不詳，將這些插曲留在過去。至少蘿絲是這麼做。

「我認為，我們已經度過風風雨雨的那幾年。拜託，我們都六十幾歲了。」她嘟噥著。

「那之後是什麼？」我問。

「傷害我！危及我們的婚姻！我已經能接受當下關係的狀態，他為什麼不行？」

「所謂的狀態是指什麼？」

「我們結婚時很相愛，現在還是。但我要說，我們兩個都見識過更強烈的激情，查理是幻想破滅才走出來的。愛得死去活來總是不長久，最後才發現那些女人跟他幾乎沒有共通點。至於我則是因為看開了才走出來，之前我迷失在激情中，無法自拔。當年我們會聊到這方面的事，認為我們都在尋找更持久且比較平靜的存在。」

蘿絲接著解釋：「我們是真的很重視在對方身上找到的東西。」她和查理對婚姻各有其他目標，像是尋找老伴、知性的刺激、生理和精神層面的照顧與支持。

蘿絲出身貧困，父親在田納西的郊區管理一處垃圾場。如今，她在曼哈頓一棟俯瞰麥迪遜大道的大樓的第五十六樓，有一間在角落的辦公室。

「我那個下里巴的小鎮，不怎麼支持有理想抱負的女孩，但我恰好就是那樣的人。遇到查理時，我知道他跟別人不同，他肯定會讓我去做自己想做的事。在六〇年代早期，這可是了不得的事情。」

「當初妳想你們在性方面會怎樣？性在六〇年代也是了不得的事。」我說。

「我們的性生活還可以啦。我覺得不錯，甚至是滿好的，我一直明白查理會覺得不夠，但我期待他能夠自己解決。」

幾個禮拜後，我跟查理私下聊起，他給我他的版本。

「跟蘿絲的性生活滿好的，但總嫌有點平淡，有時我可以應付淡而無味，有時就無法忍受。我上過色情網站，出過軌，最後又回到蘿絲身邊。我多半會試著壓抑我的需求，因為我們之間似乎沒有性愛存在的餘地，但我再也不想那樣了。人生苦短，我也愈來愈老。當我春心蕩漾時，不會擔心死亡與年齡，至少暫時不會。

「老實講，她的說詞頗令我驚訝。早在幾年前，她對性就沒興趣了。聽起來或許有點怪，但我真心認為，她對我的外遇並不覺得有啥大不了。就算我的人不再是她專屬的，我的心仍像以往一樣忠實、堅貞。我不想傷害她，當然更不想離開她，但我們之間的某些現況必須做些改變。」

查理並未照腳本演出，蘿絲也沒有，她原本的個性脆弱又膽怯，而不是查理需要的那種無法征服的女人。當他們擺脫掉他的女人緣，也壓抑了蘿絲易感的心，他們不再扮演各自的角色，卻正面臨一場危機。

他們有所不知，也許這是多年來最佳的成長機會，因為他們因此得以表達長久以來遭受否定的部分自我。時刻保持在掌控狀態是件累人的事，蘿絲是時候該歇一會兒了。在性方面感到乏善可陳也同樣折磨人，而查理拒絕忍受這種狀況，正是他向蘿絲展現更真實面貌的第一步。諷刺的是，在這場情緒風暴中，他們竟又開始做愛了。蘿絲對查理的欲望，就在他對其他女人感興趣的同時又回來了，他愈是躲避她，她就愈想要。至於他，看見她如此在意他的一舉一動，讓他打從內心深處被她的性魅力所吸引。

有好長一段時間，他們的關係在一種相互約定下得以維持，彼此表達的情感和對對方的需要，絕不超過對方對自己的情感與需要程度。他們絕不失去理性，然而現在兩人都做出強烈指控——他們向對方提出的要求，是他們始終不想放棄的部分。他們都很痛苦，但同時也有種共鳴是兩人都無法否認存在的。

蘿絲告訴我：「這些年來，我從沒有過這麼糟的感覺。但我內心知道這種情況非發生不可。我總是專注在物質生活上，像是金錢、房子，或把孩子送進大學之類的事，以為這些才實在。但是，誰說查理追求的就很無聊？或許那是另一種關心婚姻的方式。」

由於拒絕承認任何落在可接受行為範疇外的事物，查理和蘿絲的愛情非但沒有更穩固，反而不堪一擊。但是，兩人展現以往被隔絕的部分，並非沒有風險，他們關係的基礎岌岌可危，都得忍受對方看到自己的另一面，而這麼做，讓他們感到非常沒有安全感。

壓抑想控制對方的衝動

我們經常期待兩人的關係好比城牆，能夠抵擋平日生活中的大小不如意之事。但是，愛情的本質卻是不安定的，於是我們設法將它撐起；我們嚴防邊境，強堵缺口，製造可預測的事物，原因不外乎是讓自己更有安全感。但是，為了讓愛更安全而建置的機制，卻常讓我們身陷更大的風險之中。

我們被「熟悉」禁錮，也許在家中達成和平協議，但在此過程中，卻也精心安排了乏味。在一切沉重的控制下，關係失去活力，於是伴侶在白忙一場後不禁要問：「樂趣到哪兒去了？興奮、超越感和敬畏的心呢？」

未知使欲望熾烈，而欲望在先天上會製造焦慮。

佛教心理分析師馬克．艾普斯坦（Mark Epstein）在《接受欲望》（*Open to Desire*）一書中解釋：願意參與那個謎，會使欲望生生不息。當伴侶的相異性無可反駁，我們可以用恐懼或好奇回應，試著將對方簡化成可知的主體，也可以擁抱他不變的神祕，只要壓抑想控制對方的衝動，並開放自己，就能保有發現的可能性。

情欲存在於焦慮和心馳神迷之間的朦朧地帶。我們保持對伴侶的興趣，當他們令我們開心，我們也不由自主地被他們吸引。但對很多人來說，拋開安全的幻想，接受不安全感的現實，已經證實是困難的一步。

對有些人來說，愛與肉欲不可分割，對某些人則是八竿子打不到一塊。然而，多數人在愛情和肉欲相關卻又衝突的灰色地帶，表達情欲。

——傑克・莫林，《情欲之心》（Jack Morin, *The Erotic Mind*）

第二章

多些親密，少些性愛：

愛情追求親密感，但欲望卻需要保持距離

第一次與一對伴侶交談，我總會問他們當初怎麼認識，又被對方的什麼吸引，我藉由發問進行治療。在一般人身處熱戀、無法自拔時，通常不會來找我。當他們來我這裡，有時需要被輕聲提醒往日的情景，雖然分居或面臨痛苦的伴侶，很難專注於兩人當年在一起的原因，但每對伴侶的「創世神話」中都有把鑰匙，用來理解屬於兩人關係的故事。

「她是美女。」「他聰明又風趣。」「他渾身散發活力，流露出無比的自信和風格。」「吸引我的是她給人的溫暖。」「我覺得他溫柔體貼。」「我知道她不會離開我。」「我喜歡他的手。」「他的大老二。」「她的眼睛。」「他的聲音。」「他做的煎蛋捲超好吃。」

用來形容經過理想化的情人，每個特點總是華麗又精采。少數人將愛情視為演練，甚至也是美味可口的欺騙，至於一開始如何，又有誰在意？我們將愛人的良善本質放大，幾乎授予它神祕的力量。我們想轉化這些力量，也被這些力量轉化。

「他會逗我笑。」「她讓我覺得自己既特別又聰明。」「我們可以一聊就是幾小時。」「我知道我可以信任她。」「我有強烈被接納的感覺。」「他讓我覺得自己很美。」類似的評語一方面突顯被愛者的極度美好，或者顯示他放大我們、提升我們的能力。

心理分析師依索．史貝克特．皮爾森（Ethel Spector Person）說：「愛情以想像之姿，從你我的內心升起；愛情是運用創造力的綜合體，目標是圓滿我們最深層的渴望、最古老的夢想，給我們新的生命，並使我們轉化自己。」愛情證實並超越「我們」本身。

愛情的一開始總是充滿各種可能，因為「開始」帶有「完成」的希望。我們透過愛情想像新的存在方式，你用我不曾看待自己的方式看待我，你美化我的不完美，我喜歡你眼中的我。經由你以及你的相伴，我將成為我渴望成為的樣子，我將變得完整。被自己選擇的人選擇，是墜入情網最有面子的事之一，讓人深深感覺自己是重要的。愛人確認了我的重要性。

我聆聽著伴侶們描述伴隨愛情發生的合併過程，也瞥見他們將對方推向彼此。任何邂逅的第一階段都充滿幻想，它是源源不絕的投射、期盼和一連串開端，或許會演變成一段關係，也或許不會。在你面前的是你幾乎不瞭解的人，你想像兩人一起攀爬吉力馬札羅山，建造一棟登得上《建築文摘》（*Architectural Digest*）的房子，孕育兩個人的寶寶，總有許多像天氣一樣難以捉摸、數不清而無法抗拒的幻想。

當來找我的伴侶細數他們感受過的狂喜，我總能趁機一窺廢墟殘骸下，他們過去的樣子。

相愛，但沒有性生活

約翰與畢翠絲交往的最初半年，幾乎處在極樂狀態。約翰是證券交易員，經歷網路革命的大起大落。我頭一回在治療時遇見他，他才剛眼巴巴地看著自己的財富凋零。他花很多天盯著電腦螢幕看，無助地追蹤投資組合變成壁紙，喝完最後一滴單一麥芽蘇格蘭威士忌。他也曾與女友相愛相惜，五年後，經歷情欲崩潰。正當他面臨情感、事業和財務的三重危機，他遇見了畢翠絲，彷彿從昏迷中甦醒般，從內心深處感到解脫和重生的感覺。

畢翠絲宛如古典名畫的美女，年約二十五歲，在英文研究所就讀，比約翰年輕十歲，兩人會蜷在被單底下一聊好幾小時，做愛，再聊天，做愛，最後睡覺（時間不長就是了）。日子就在交往之初的狂喜中度過，兩人感覺自由、開放。他們喜歡踏進對方的世界，對彼此的好奇永無止盡，沉浸在相互依存和溫暖的感受中，遠離外在世界的苦惱。

隨著關係進展，約翰跟畢翠絲漸趨平靜，最初的興奮感消退了，回到真實世界，進入親密關係。如果愛情是想像的舉動，那麼親密感就是實現的舉動，親密感會等到亢奮逐漸平息，才耐著性子介入。時間和重複是親密的種子，我們一再選擇對方，創造出兩個人的社群。

約翰和畢翠絲同居時，曾互相介紹自己的品味和偏好，也愈來愈熟悉彼此的怪癖：約翰愛喝不加糖的黑咖啡，而且一起床就要喝到當天的第一杯；畢翠絲則是要奶精但不加糖，不過她通常會在喝咖啡前先喝一杯開水。在適應過程中，有些事不費力就能習慣，有些必須要對方學會接受，有些則令人苦惱且具侵犯性，或根本就令人作嘔。他們不禁納悶，像這個樣子，兩人要怎麼在一起生活呢？（請舉出你的伴侶最讓人反感的三個習慣。）當他們進入彼此的習慣世界，熟悉感能讓他們漸漸放心，不再受儀式與限制束縛。然而，儘管「不拘形式」在親密關係中是個受歡迎的特點，卻也證實使人情欲盡失。

當然，熟悉只不過是親密關係的一種表現，我們從另一個人身上不斷發現的，遠遠超越表面的習慣。我們進入想法、信念和感情的內心世界，滲透進伴侶的心靈；我們交談、傾聽、分享、比較，揭露某部分的自己，同時也修飾、撥弄、遮掩某些部分。有時我得知某件關於你的事，是因為你把你的過去、你的家族、你在我們相遇前的生活都告訴了我，但我對你的瞭解，也經常來自於側面觀察你，或憑自己的直覺、聯想而來。

你呈現事實，我把點連起來，最後形成形象，你的奇特之處慢慢以公開或隱晦、有心或無意的方式透露給我知道；你內心的某些是我容易瞭解的，有些則充滿火星文，必須費一番功夫才破解得了。

經過一段時間，我漸漸知道你的價值觀和底線，當我目睹你如何進入這世界，也漸漸知道你如何與外界接觸，像是什麼令你興奮、什麼令你一觸即發、什麼令你害怕。我逐漸瞭解你的美夢與惡夢。你使我成長，而這一切當然有好也有壞。

當約翰在這段新關係中安定下來，他在治療時也不再談論，於是我以為不談代表沒事。所以，當他在一年後再度提起，我便豎耳傾聽，他說：「我們交往順利，已經住在一起了，也處得挺好。她是美人胚子，風趣又聰明，我打從心裡愛她。我們沒有性生活。」

感情愈親密，性欲往往降低？

這年頭，美國的伴侶治療普遍相信「性」暗示關係的好壞，換言之，只要知道感情好不好，就能推斷「性不性福」。如果伴侶彼此關愛和扶持，溝通良好、互相尊重、講求公平、信賴、有同理心而且誠實，就可以相當程度地假設兩人的愛欲持續不斷、強烈且有規律。派翠西亞．羅芙（Patricia Love）博士在著作《熱力夫妻》（*Hot Monogamy*）中，發表這方面的看法：

順暢的語言溝通，是美好性生活的一大關鍵。當伴侶在生活中，自由分享各自的想法和情緒的同時，也在創造彼此之間高度的信賴感與情感聯繫，讓他們在不受拘束的情況下，更完整地探索彼此的性欲。親密是性欲之母。

對許多人來說，充滿愛的堅定關係，確實能大幅提升並激發性欲。他們感覺被接納，彷彿像嬰兒般被層層包裹，那種安全感使他們自在。從感情親近而來的信賴感，使他們得以宣洩自己在情欲方面的需求。

但約翰跟畢翠絲的情形呢？他們的關係融洽、親密、充滿愛（他們會溝通），看來應該有持久欲望的基礎，但事實並非如此。如果要對他們說任何安慰的話，那就是：很多人都不是這樣。

諷刺的是，造就美好親密關係的事物，不盡然造就美好的性生活。這有點違反直覺，但是根據我擔任治療師的經驗，感情愈親密，往往伴隨著性欲的降低。這種負相關確實令人不解，顯然親密感的產生，無意間導致欲望消失。我想到許多對伴侶一走進我的辦公室，開口就說：「我們確實深愛對方，感情也很好。但是，我們沒有性生活。」

喬知道瑞秋對他極度有興趣，卻不喜歡在肉體上跟她糾纏不清，因為喬只想在「上面」。蘇珊跟珍妮一起領養第一個孩子後，感覺比以往更親近，但那種親近感卻無法轉變成性欲。阿黛兒和艾倫把到旅館過夜當做親密的事，卻不怎麼有激情。撇開他們在情欲上的挫折不談，這些伴侶似乎都頗為親密，而非不夠親密。安德魯和瑟琳娜從一開始就知道「性」是個問題，儘管他們如膠似漆，卻從不足以燃起對方的情欲。

瑟琳娜認識安德魯前，在好幾段長期關係中曾有過精采的性生活，根據她的經驗，親密度上升總是讓性愛變得更美好，因此當安德魯的情況不如她所願，她感到非常吃驚。當我問她，既然從第一次約會起就感受不到他對自己的欲望，為何還要跟他在一起。她的回答是：「我想我們可以一起處理這個問題，只要有愛，就會漸入佳境。」

「有時候，愛情反而是障礙。結果就適得其反。」我解釋。

聆聽這些男女的話，讓我重新思索一直以來對親密和性欲關聯性的假設。我不將性視為感情的唯一結果，而是把性和愛情視為分別的個體。性欲不光暗示關係的好壞，兩者是平行發展的獨立故事。

這些伴侶的親密故事，讓我們一窺許多情欲生活，但這卻無法說明一切。愛情和欲望糾纏不清，彼此也不是因果的線性關係。伴侶的精神和肉體生活，有好有壞、有苦有樂，但這些反應卻不盡然相對應，而呈現交叉的狀態，彼此相互影響，但也涇渭分明。這也是為什麼許多人懊惱著：人往往可以修補關係，但又不必在性方面做任何努力。或許只有在某些時候，親密才是性欲之母吧。

我們需要在一起，也需要分開

一般人動不動就以為性的問題是因為不夠親近。但我要說的是，那或許是因為我們培養親近的方式，減少了性愉悅所需要的自由與自主性。當原本親密的兩人融為一體，這時妨礙情欲的不是不夠親近，反而是太過親近。

「屈服」和「自主」是愛情的兩大支柱。我們需要在一起，也需要分開，兩者缺一不可。距離太遠就斷了聯繫，然而太過如膠似漆，卻又會模糊了兩個個體的獨立性。於是，再也沒有什麼要超越，沒有橋梁要度過，沒有人在彼端可以拜訪，沒有另一個內心世界要進入，當兩人融合為一就再也不聯繫，因為沒有聯繫的對象。所以說，「分」是「合」的先決條件，而這也正是親密關係和性愛的基本矛盾。

聯繫與獨立的雙重需求（經常互相衝突）是人類發展史的核心主題。童年的我們打從心底依賴照顧自己的人，同時又需要獨立自主，於是便拚命地在兩者間尋求微妙的平衡。心理學家邁可．文森．米勒（Michael Vincent Miller）提醒我們，掙扎的過程在孩童的夢魇中鮮明呈現，例如：墜落或走失之類，被遺棄的夢；遭到攻擊或被怪獸咬噬之類，被吞沒的夢。我們帶著一只準備被啟動的情感記憶盒，與另一個成人建立關係。童年時的人際關係，助長或妨礙聯繫與獨立這兩種需求的程度，將決定成年後人際關係的脆弱度，是我們最渴望也最害怕的事。每個人都同時腳踏這兩種需求，其殷切度與優先順位在一生中不斷波動，我們最後選擇的，往往是氣質與自己的脆弱最相配的伴侶。

有些人在進入親密關係時，對於自己需要與人聯繫、親近、不落單、不被遺棄的需求，有著敏銳的覺察。有些人在經營關係時，會同時拉高對個人空間的需求，也就是說，由於覺察到應該保有自我的原樣，於是開始警惕自己別被對方吞噬。情欲和感情會製造親近，但這種親近可能會變得令人難以承受，引發幽閉空間恐懼症，給人一種被入侵的感覺。一開始，「被套牢」讓人放心，而今卻成了囚籠。雖然我們需要親近，一如我們需要食物，但伴隨親近而來的焦慮和威脅卻可能抑制情欲，換言之，我們想要「有點黏、又不會太黏」。

這些有關親密的迂迴曲折，遠不是約翰與畢翠絲所意識到的。一開始的真實和自發性，並沒有讓他們預期到愛情在接下來會面臨的衝突矛盾。對當時的他們來說，親密是單純的——敞開心防、展現自己、與對方分享、開始成為透明人、更敞開心防……

約翰與畢翠絲的例子是初始的典型。事實上，他們體驗到的肉體與精神的激烈融合，只有在還不認識的人身上才可能發生。早期階段的合併和屈服相對安全，因為兩人的界線仍舊由外在的事物來界定。約翰與跟畢翠絲在彼此眼中是新的，雖然他們正逐漸往對方的世界移動，卻還沒有完全定居，還是兩個獨立的個體。他們之間的自由空間，才使他們有了完全沒有空間的想像；在初相遇的興頭上，他們還沒有把兩人的關係合併為一。

一開始，你之所以能專心談感情，是因為兩人之間有心理的距離，兩人的相異也是事實。此時，你們不需要營造分立性（separateness），因為仍是分別的個體，目標反而應該是克服它。剛墜入情網的約翰和畢翠絲享受固有的距離，這距離使他們得以自由體驗愛欲的聚合，免於稍後提到的治療衝突。

責任感殺死欲望

對約翰來說，親密關係潛伏被套牢的威脅，他的原生家庭有個酗酒成性、動輒拳打腳踢的父親，記憶中盡是亂發脾氣的父親和傷心的母親。年幼的他，就得充當母親抒發情緒的對象，減輕她的寂寞孤單。他是她的希望、她的慰藉，像是補償般的，她確認透過那個了不起的兒子，她悲慘的人生將獲得平反。

在如此衝突婚姻下的孩子，經常被要求保護脆弱的父親或母親。約翰從不曾懷疑母親是深愛他的，但母親的愛總帶給他負擔，從很早開始，愛就暗示責任和義務。就算他渴望親密關係（他身邊的女人從沒斷過），但他不知道如何在「感受不到被限制」的情況下體驗愛情，他對畢翠絲的愛與日俱增，隨之而來的是與過去相同的沉重感。

許多處境會讓人覺得被愛情與親密關係壓縮，不幸的童年並非前提。一般有關愛情的言論，以有力的論據證實這是種「害怕親密」的現象，男性特別有這方面的煩惱。

但根據我觀察，這不算不願進入親密關係，沒有人會懷疑約翰對畢翠絲用情之深。相反地，「感情」才是這些人無法承受之重，他們把愛神要的自由和自主雙手奉上，落入親密關係的陷阱。

約翰對畢翠絲用情愈深，對性的壓抑也愈嚴重。事實上，他愈關心她，就愈不能隨心所欲地向她求愛。他跟眾多處在類似困境的男人一樣，性欲罷工是擺明地來，他得接受完全沒反應的頑固「弟弟」擺布。為什麼這樣呢？到底是怎樣的情欲障礙，使他不再追求和畢翠絲的魚水之歡？她可是不久前才跟他一起躺在溫柔鄉裡的女人。

諷刺的是，即使是美好性愛帶來的親近，也可能產生回力棒的效應。許多伴侶就像約翰和畢翠絲，覺得兩人的關係宛如一隻舞曲，精采的性愛拉近彼此距離，但也就是這種親近讓性再度變得困難。最初的欣喜若狂很快地將兩人綁在一起，立刻產生聯結，儘管許多人樂得在性愛裡迷失，但我們從「合為一體」所體驗到的「一體」，可能造成徹底毀滅。

性愛的激烈程度引發被吞沒的恐懼，當然，極少人會察覺這些暗流，我們的經驗反而是在性高潮過後趕緊抽離，不然就是突然興起做三明治或點根香菸的衝動，我們歡迎任何思緒的入侵，例如想寄封電子郵件給某人、幾扇窗戶該擦了、不曉得某人最近如何？我們感激能被扔在一旁天馬行空，因為這麼做可以再度拉開心理的距離，在你我之間畫出界線。我們從「你我之間」（inter）回到「在我之內」（intra），在肌膚相親、水乳交融過後，又退回自己的軀幹裡。這種從聯繫進展到分立的過程，就屬性行為結束後最具代表性。

心理分析師邁可・貝德（Michael Bader）在著作《引動》（*Arousal*）中，為約翰跟畢翠絲的情欲消逝提出另一種解釋。他認為：伴隨親密出現的是對另一半愈來愈殷切的關心，包括害怕傷害對方。但是，性欲卻需要「不擔心」的能力，追求愉悅也需要有某種程度的自私。有些人不容許自己有這種自私的心態存在，因為他們全神貫注於愛人的福祉。這種情感配置讓人聯想起約翰對母親的感覺，也就是他察覺到她的不幸福，所以被擔憂和包袱感淹沒。他付出的關心讓他更難以專注在自己的需求上，難以專心感受自發性，無法讓自己在性方面活躍，免於憂慮。

約翰在每段親密關係中，都曾面對失去性欲的棘手問題，每次出現障礙時，他就詮釋成不再愛對方了，其實剛好相反，是因為如此深愛著對方，以至於帶著這份責任感，無法開心地追求性愛的極度樂趣。

性激發的往往是非理性的迷戀

關係的動能總是互補的，雙方對創造關係的模式都有貢獻。在談論約翰恐懼被套牢和日漸消失的性欲前，也要看看畢翠絲在這段關係中做了什麼。於是，我邀她和約翰一起參加幾次治療。

在我們的交談過程中，問題變得愈來愈明顯。

兩人打得火熱時，畢翠絲會盡量配合他的興趣，幾乎放棄沒有他在場的活動，也不再跟朋友見面。不幸的是，她所有想讓彼此更親近的企圖，在性愛上適得其反。她熱中於討好約翰，隨時準備放棄一切阻礙兩人的事物，這麼做反而讓情感的包袱更顯沉重，也讓約翰在性方面更退縮，彷彿為他的「小弟弟」畫了一條不能用其他方式製造的楚河漢界。

放棄自主意識的女孩很難被人喜歡，也許約翰能愛畢翠絲，但是他要對她產生欲望，顯然非常困難，因為沒有張力的存在。

我建議畢翠絲暫時搬離兩人的住所，重新確立獨立性，這麼做是鼓勵她重新跟朋友來往，不再以約翰做為生活重心。我告訴她：「妳非常恐懼失去他，導致妳不僅疏離自己，也失去自由。在這裡的妳並不是個獨立的個體，這不是他想要愛的人。」

我對約翰說：「你很會照顧人，以至於你已經不再是對方的情人。我們需要重新建立某種程度的差異性，並重新創造你們剛開始的距離，因為當關心大於一切時，很難讓你們產生情欲。」

接下來的幾個月，畢翠絲搬出兩人的愛巢。她在不算長的時間內找到落腳處，寄出博士入學申請表格，跟朋友旅行了一趟，也開始自食其力。於是，約翰漸漸相信她可以靠自己的力量過活，畢翠絲也明白不必為愛情放棄自我，他們為彼此創造了空間，讓欲望更自由地在那裡流動。

我在執業的過程中見過許多男女，他們認為，把這類情感空間帶進愛情關係裡，是特別困難的事。你們以為既有的基礎安全感，會使承受類似的風險變得更加容易，但是錯了。令人放心的關係確實會鼓勵我們追求專業上的理想、正視家庭的祕密，或是去報名以前想都不敢想的滑翔翼課程。所以，我們卻遲遲不敢在關係內部製造距離，因為我們一開始就是在那裡嘗到了兩人相守的甜美滋味，也就是說，我們能容忍任何地方的空間，唯獨那裡除外。

性欲不遵守伴侶維持和平滿足的定律。理性、理解、疼惜和同志情誼，都是親密與和諧關係的重要支柱。但性激發的往往是非理性的迷戀，而不是清晰判斷；性激發自私的欲望，而非以他人為念。積極進取、物化和權力，都存在於欲望的陰影下，不盡然能增長親密關係的激情成分。欲望，總是順著自己的軌跡運行。

當我愛他，他也愛我，我會突然失去『性』趣

吉米與甘蒂可說是這老掉牙故事的翻版。兩人是三十出頭的年輕音樂家，結婚七年，是跨族

裔夫妻。甘蒂是非裔美人，吉米則是愛爾蘭後裔。她穿著男性牛仔褲、擦海藍色指甲油，流露出自信；他則全身行頭都是運動品牌。他們充滿魅力、大膽且閒不下來，卻對兩人之間的事束手無策。甘蒂思解釋：「我們好幾年沒嘿咻了，我們覺得很恐怖，而且感到難過。我想我們都有一種根深柢固的恐懼，那就是害怕即將發現恐懼的事已經沒救了。」

甘蒂思和前文的約翰一樣，每段關係都經歷難以避免的欲望消失。我們的對話顯示她瞭解自己的問題所在：「問題在我，跟吉米沒關係。當我跟某人有親密關係，當我愛他而他也愛我，我會突然失去『性』趣。我感覺像少了什麼，所以沒辦法在性的層次上跟伴侶親近。認識吉米前，我與幾個人長期交往過，但結果都一樣。」

甘蒂思知道吉米對她有多重要，他可靠、體貼而且聰明。他們的關係很豐富，吉米有她理想中男人身上該有的特性，然而這些特性的附帶結果，對她而言卻是反性欲的。她面對吉米的善意，感受不到自己身上的性能量。她說：「他的善意讓我好放心，但是當我想到想跟怎樣的人睡在一起，讓我放心就不是我要的了。」

「為什麼？是不夠傷風敗俗？還是不夠激進？」我問。

「是不夠激進。」

「他在某方面是太盡責的愛人嗎？」

「嗯。」

「他隨時都在關心妳嗎？」

「這點滿窩心的。」

「的確很窩心，只是不刺激。每件事都充滿愛，很溫馨，但就是引不起性欲。妳已經把肉欲之愛用某件事取代了，這就是性治療師達格瑪．歐康納（Dagmar O'Connor）所謂的安適之愛（comfort love）。」

甘蒂思點頭，說：「就像法蘭絨的睡衣。」

關愛和保護為家庭生活提供養分，但也可能抵觸感官之愛難以駕馭的精神。我們選擇的伴侶往往會讓自己感覺到備受呵護，但在最初的浪漫過後，我們就會像甘蒂思一樣，發現自己無法對伴侶產生性欲。

我們渴望營造親近感，為自己與伴侶之間的空間搭起橋梁。但諷刺的是，讓情欲一觸即發的正是自己與對方之間的空間。所以，為了把色欲帶進家裡，我們必須再次創造距離。

甘蒂思在某次治療中說，最能引起她性欲的，莫過於看見吉米在臺上表演。但是當我問她在那之後是否曾走到後臺找吉米，她卻告訴我沒有。我問她：「妳何不到更衣間呢？妳看他在臺上，被他撩撥得春心蕩漾，他完全掌控自己，發揮才華，但當妳等到他回家，突然又欲望盡失。」她點頭稱是，他則一臉失望。

「妳幹嘛不跟他離婚算了？跟他住在一起，但是和他離婚。如果妳不再是他太太，他看起來就不會那麼像個居家男。」我建議。

「妳知道我怎麼跟他說嗎？我說：『如果今天你離開我，我會很想跟你嘿咻。』」

甘蒂思意識到她渴望與吉米在一起的親近感，然而這種親近感正是讓她無法產生性欲的原因。為了避免落入這個陷阱，她需要製造心理上的距離。她早在跟我見面前就企圖這麼做了；她已經為這困境想出自己的解決之道，叫吉米回家時忽略她的存在，而不是馬上到她身邊。她說：「如果我覺得你根本不需要我，那你在我的心中就會更可口。」甘蒂思在「不知其所以然」的情況下，正努力製造欲望。

不幸的是，吉米沒有配合演出。他將保持距離的需要視為拒絕，他傷心地說出渴望：「我好憤怒。還記得以前只要用膝蓋摩擦她的大腿，她就興奮得要命。但許久以來，我沒有真正感受到她那麼想要我。我要她想要我，要她只為那麼一件事飢渴，而那件事就是『我』。」

「但是，當她要求透一口氣時，卻被你當成拒絕。」我回答。「你知道，欲望用奇怪的方式表現，她叫你忽視她，別想要她，這能促使她想要你。我明白這件事為什麼不合理，你覺得幹嘛這麼大費周章？而且我也瞭解你的反應。但她需要把親密和情欲分開，為此她需要空間。她邀你進入一個局，這個局讓她獲得想要的空間，那不是冷落，而是邀請。你不能光從表面想像，要把它想成性的戲碼——假裝不需要我，假裝忽視我。」

但吉米演不來，他陷入掙扎。他不想為了引出她的欲望而扭曲自己，他想用自己的方式讓她對自己產生興趣。多年來，他感覺被剝奪與拒絕，以至於一路伴隨他的主要是憤怒，他愈是渴求和需要，脾氣也愈來愈暴躁。他們以大量的愛來解除暴怒的威脅，幾乎不曾間斷的肢體接觸反倒壓抑性的胃口，這類接觸多年來能自給自足，而不轉變成欲望。但無條件的愛不能提高無條件的欲望，我們和朋友之間的關係就是如此。而吉米和甘蒂思，則是想成為戀人的朋友。

我瞭解到甘蒂思對距離的需求，於是看到了介入的機會。我設法破壞兩人之間溫馨又充滿愛的碰觸，而這碰觸已經取代了性愛。「你們會碰觸彼此嗎？」我問，雖然我已經知道答案。

「隨時。」她回答。

「你們會抱抱嗎？」

「嗯。」吉米說。

「很常嗎?」

「是啊。」兩人異口同聲。

「喔,那要停止。」

他們睜大眼望著我。碰觸對方是他們再三強調珍惜彼此的一面,而我卻將它奪走。但我從甘蒂思的回應,知道自己已經抓到問題了。

「我對碰觸極度敏感。對我而言,一切不就是碰觸嘛。我接受任何人的碰觸,即使是相對陌生的人。我是個『人盡可碰』的傢伙。」她說。

吉米接腔:「上禮拜我們回我家,我媽最要好的朋友摩擦她的肩膀。現在回想起,我還記得當時的我納悶著,我或是莫納罕太太觸摸她,到底有什麼差別。」

我打斷他的話,說:「這就是我們治療的目標,要來區分吉米與莫納罕太太的差異。」我要他們別碰觸對方,等於是規畫一個空間讓她來追逐他,從而使他有被求愛的感覺。

「我把話說清楚,不准接觸、不准親吻,不准按摩,不准輕撫。全都不准。抱歉囉,兩位。你們可以寫東西、可以傳紙條,可以用眼神傳情,總之愛做什麼其他事都可以。因為你們已經被愛悶燒，導致火點不起來了。」

甘蒂思準備照我建議的做，她說：「好吧，滿可惡的，但不失為好點子。」

我倒是很想知道，哪一位會比較不遵守我的處方。雖然甘蒂思自稱「人盡可碰」，但我猜吉米應該會先破戒，因為他的風險比較大，多年來他滿腔怒火，卻不曉得如何對心愛的人生氣。換句話說，一方面對某人感到生氣，但又對對方存有感情。在他受到的約束背後，在甜蜜的愛撫背後，存在著沒有明說的恐懼——恐懼憤怒將無可避免地導致分手。

在最初幾個禮拜，吉米一再失守。我指示甘蒂思更堅定地拒絕，我傾向提高賭注。最後，吉米總算願意遵守，他說：「規定執行一個月，我完全不想跟她有任何關係了。」

除去愛的保護層後，結果比我預期的還更有效。

甘蒂思承認：「『放心』對我可能不再有吸引力，但我漸漸仰賴它。最近幾個禮拜他愈來愈遙遠，讓人感到不安。我們不習慣這樣。我得到我要的，但我現在不確定這真的是我想要的。」

甘蒂思和吉米建構的親密關係排除任何衝突，在他們的性欲僵局中，各種張力變得清晰透明。我攪亂他們的和諧，希望為乏善可陳的性關係，帶進更多相異性。少了相異性，欲望將無法升起。

幾個月後，甘蒂思和吉米表示情況開始有些不同，但他們還有漫長的艱辛路要走。

甘蒂思告訴我：「在很多方面，我們從兩人關係中得到許多，我們有很多事值得感激，我曉得是哪些事。但是我們也領悟『親近不等於永遠不爭吵』。這點挺可笑的，我們相當引以為傲的這件事竟然是問題所在。」

當我聽著甘蒂思陳述，突然想到「放心」這個字有好幾種解釋。心理學家維吉尼亞・戈登納（Virginia Goldner）明確區分「老夫老妻那種軟趴趴的安全感」，以及床頭吵、床尾合的伴侶間那種「動態的安全感」。後者是一種壞了、修理、又壞了、再修理的關係。要獲得「動態的安全感」，不是靠進攻，而是承認該放手，讓性的張力活動。性的張力本身就會成為安全感的來源。

人人都需要祕密花園

西蒙・波娃（Simone de Beauvoir）在畫時代巨著《第二性》（*The Second Sex*）中寫到：「情欲是向對方移動，這是情欲的必要特性。」但是，在我們努力建立親密關係的過程中，經常設法消除相異性，因而阻斷滋生欲望所需要的空間。我們尋求親密關係使自己免於孤單，而非創造情欲所需的距離，也就是從伴侶的撫慰中後退，多感受一點孤獨。

我認為，能夠忍受彼此的分立，以及分立引起的基本不安全感，是維持雙方興趣和欲望的先決條件。我並非一味追求親近，我主張伴侶默默耕耘自己反而比較好。如果培養分立性聽來有些殘酷，就把它想成是培養自我感知（sense of selfhood）。

法國心理學家潔姬·沙樂美（Jacques Salomé）談到，一個人有必要開發與自我的親密關係，以便和兩人的關係達到平衡。兩人在親密關係中做愛、養兒育女，分享生理空間和興趣，將人生的必要部分混在一起，然而「必要」不代表「全部」。

我們必須在親密關係中畫出一條私領域的界線，一個需要容忍和尊重的私領域，那是肉體、精神和知性上純屬自我的空間。不是每個需求都需要公開，每個人都應該灌溉一座祕密花園。

愛情使人樂於瞭解對方的一切，欲望則需要神祕感；愛情喜歡把你我之間的距離縮短，而欲望則因為距離而更熾烈。如果重複和熟悉會提高親密度，那麼情欲就會因為重複而麻痺；情欲因神祕、新奇和出其不意而引燃。愛情攸關擁有，欲望則攸關想要。欲望是渴求的表達，要求一直讓人捉摸不定；欲望較不關心已經到了哪種地步，在意的是還能達到哪種地步。

當伴侶安於愛的安適感，往往不會再為欲望搧風點火。他們不記得，火需要空氣。

第三章

現代親密關係的陷阱：

交談不是親近的唯一途徑

我倆沒有祕密，我們什麼都跟對方說。

——卡莉・賽門（Carly Simon）

我媽在講到關係的時候，對親密的著墨不深。她說：「婚姻需要兩件事——要有心讓婚姻走下去，還需要妥協的能力。成為有理的一方並不難，但討到理字，通常也會落得一個人孤獨的下場。」

我爸總是沒我媽那麼實事求是，他毫不吝於用言語跟行動表達愛意。他公開以親吻、禮物和關注向我媽示愛，讓她面子十足。但如果我問，他們究竟有沒有肌膚之親，他會茫然地看著我，似乎不懂我在說什麼。他懂得愛，也知道夫妻相處之道，但他們以含蓄的方式，把親密關係這門大學問收藏起來。

對我父母那一輩的人來說，親密關係的現代論述，讓他們完全摸不著頭緒。他們的關係絕非完美，也可能因為任何理由而接受婚姻諮詢，但是「為親密關係努力」的觀念，他們前所未聞。

在《屋頂上的提琴手》（*Fiddler on the Roof*）中，特維（Tevye）告訴妻子金寶（Golde），他不准女兒嫁給她愛的男人（而是要她嫁給他中意的那位），他是在「這是個新世界」的理解下做的決定。這是個人們為愛而結婚的世界，遠非特維當年在大喜之日才見到金寶的情況，而他的父親則是要他在往後的日子裡，慢慢學會愛她。

二十五年後，他如今目睹女兒情竇初開，於是問金寶，經過這麼多年後是否還愛著他。金寶列舉兩人生活的點點滴滴，優美、熱情地描述「舊世界」如何看待愛與婚姻——她替他洗衣、擠牛奶、同床共眠、陪他挨餓、和他爭吵、替他生兒育女、打掃他的家，煮飯給他吃。「如果那不叫愛，什麼才是？」她問。儘管特維知道金寶愛他，也無法改變任何事，但他還是感謝：「經過二十五年，知道妳還是這麼想，很高興。」

金寶心目中的婚姻圖象，與今日西方一般所指的親密關係並不吻合，我們比較傾向稱那是居家生活（好聽的說法），或者存在已久的壓制（糟糕的說法）。在過去，當婚姻是比較務實的制度時，愛情可有可無，而尊重是必要的，男女可以各自在別處尋找感情寄託，其中以同性關係為主。男人用工作和娛樂交誼，女人則藉由帶孩子和家務來聯絡感情。婚姻中的愛情或許與時俱進，但卻不是家庭成功所必需。

過去的夫妻在乎柴米油鹽，而且是一輩子的夥伴關係，如今結婚是自由選擇的事業，雙方在愛的基礎上託付終身。親密關係已經從長期關係的副產品，轉變成長期關係的「執行令」。在夥伴式的婚姻中，信賴和愛已經取代尊重，成為關係的強大支持，帶領我們來到一個親密的核心位置，且不受質疑。

現代人用親密對抗孤立

家庭治療師萊曼·懷恩（Lyman Wynne）指出：「只有當難以親密時，它才會被承認是一種『需要』。」

工業化以及都市生活興起，使社會結構產生重大轉移，工作和家庭分開，而人和人之間則變得更疏離、更孤單，也更需要有意義的接觸。

相較之下，當人們生活在緊密的社會網絡之中，比較渴求空間，而不是親密對話。三代同堂的家庭，每個人都知道自己的位置，家庭成員比較願意遵守傳統形式的規定。這些規定確立了隱私與自行裁量的自由。儘管大家共享的事物很多，但每個人也得以在屬於個人的事物上主張權力，例如私人的角落、最喜歡的咖啡杯、靠窗的座位，或是躲在某間廁所裡安靜閱讀。

從東京到吉布提（Djibouti）[4]乃至紐約皇后區，生活在延伸家庭[5]中的人，或是經濟困窘只好將就住在一起的人們，往往不會想要與人更親近。當人們過著沙丁魚般的生活，也就沒有超越孤立的必要，而且他們完全沒興趣支持西方中產階級的理想親密關係，因為他們的人生已經夠糾結了。

親密關係成了對付人生日益孤立的特效藥，我們走出去跟人接觸的決心，已經到達宗教狂熱般的顛峰。今天早上，當我正寫下這些想法時，我家的電話鈴響起，我還沒接呢，行動電話跟著響了起來，我的電腦馬上跟著嗶嗶響，提醒我有郵件進來，然後我的私人專線也來湊熱鬧。於是，我放棄自己的時間，接受外界的「接觸」。在如今這個可以立即溝通的世界，我們以各種科技裝置為關係「加料」，希望所有的小發明能讓聯繫更加緊密。

這種社會的狂亂，掩蓋了人對人際接觸更深層的飢渴。

現代親密概念：強調說話與聆聽

有趣的是，儘管對親密的需求達到最高點，但我們理解親密的方式卻變得愈發狹隘。我們不再共同耕耘一塊地，今天的我們開口交談，頌揚言語溝通。我們天真地相信「我說故我在」，我

4 吉布提：位於非洲東北部亞丁灣西岸的國家，東臨紅海。許多商船經由蘇伊士運河進入地中海，或經阿拉伯海通往波斯灣、印度洋的要衝曼德海峽等，因此吉布提的戰略位置十分重要。

5 延伸家庭：建基於血緣關係，通常由兩代或以上的家庭成員組成，也稱為擴大家庭或大家庭。

之為我的本質，可以透過語言幾近精確地傳達。當許多患者抱怨「我們不親近，我們從不說話」時，他們是真心擁護以上的假設。

在這個強調溝通的年代，親密關係已經被重新定義，不再是隨時間培養的深度瞭解和熟悉，即使是在沉默中也能培養。相反地，我們把親密關係想成閒扯淡的過程，包含自我揭露、放心把最私密的內心世界與人分享。當然，聆聽跟訴說一樣重要，接受傾吐的人一定是有愛心、能包容、不妄加批判的伴侶，換言之是個「稱職的聆聽者」，他們有同理心且證實我們所言為真。我們希望「我之為我」完全被瞭解、深受肯定，能完全被接納，也期待分享是雙向的。

強調說話的現代親密概念崛起，伴隨的是女性在經濟上愈來愈獨立的趨勢，這並非巧合。當女性再也不必靠老公養，而社會也不再強迫她們對不幸的結合委屈求全，她們開始對婚姻有更高的期待。她們不接受沒有商量餘地的吃力工作，取而代之的，是雙方都滿意的情感交流。男性也是受益者，不再被要求成為唯一的經濟支柱（賺錢本身就是乏味的吃力工作）。

當代終身相許的同居模式中，女性的影響力無庸置疑。現代的社會需要運用新的敘述方式聯絡感情，而女性帶來了發展完備的溝通資源。

關於女性在表達情感方面的過人之處，過去著墨甚多。數百年來，女性幾乎沒有權力可言，也難怪她們會成為建立關係的高手。女孩們的社會化，繼續著重人際關係技巧的培養。

我們的生活要求比以往更高的適應力，一定要維持關係的連接組織（connective tissue），哪怕忙亂的生活不斷帶來壓力。親密關係走向女性表達情感的建立方式，強調開誠布公的對話，提供必要資源來滿足現代關係的需求。

語言不會化為親密

說這麼多，我想強調「親密是談出來的」的論述是有問題的，理由有幾個。言語的支配權往女性一面倒，曾一度使男人屈居劣勢。男性社會化的目的是表現、競爭、無所恐懼。在美國男性的養成過程中，表達感情的能力並不被看成是最重要的特點。容我大膽地說，表達感情的能力甚至不被認為是可取的特點，至少目前還不是。「親密是談出來的」這樣的論述無可避免地讓許多男人摸不著頭緒，於是他們往往被認為罹患了慢性親密缺乏症，需要不斷地修養才行。

陽剛身分立基於自我控制和刀槍不入。但是，我觀察到這些限制使得許多男人運用其他自我表達的方式。由於他們沒有發展出更完備的口語來敘述自己，身體便成了必備語言，也是親密感的導管。許多文章談到男性積極表達性欲，並因此恢復了溫柔的一面，但此觀點並沒有受到充分的認同。

肉體是最原始的母語，對很多男人來說，仍是親近的唯一語言，而且還沒有被糟蹋破壞。男人透過性，重新掌握情感交流的純然愉悅，不必困於文字的牢籠，壓縮難以言喻的需求。

支持「親密是談出來的」的人（經常是女性，但並非一定），很難認同其他的溝通方式，因此當伴侶遲遲不吐露心聲時，會使他們有種被騙的感覺。

「你為什麼不跟我談？」他們指責。

「你應該什麼都可以對我說才對啊，難道你信不過我？我想當你最好的朋友。」在這種情況下，不開口的一方總是承受改變的壓力，而不是開口的那方需要多包容一點。這種狀況把非語言溝通的重要性降到最低，包括為彼此做點貼心的事、擺出引人注意的姿勢、通力合作完成某項計畫，或是一個無價的微笑、時機剛好的眨眼，即便那表達了默契和協調，尤其是在詞窮的時候。

我認識艾迪好一段時間了，過去的他因為不能或不願「敞開」心房，使得女友往往在灰心之餘而甩了他。這幾位女性一致認為艾迪恐懼承諾。

「我不管那代表什麼意思。」他說她們永遠不知道他對她們的感覺。他會充滿防禦地回應：

「妳這話是什麼意思？我每天見到妳啊，不是嗎？妳怎麼會不知道我的感受呢？」

當他認識妻子紀子時，她幾乎不會說英文，而他則完全不懂日語，兩人的交往過程幾乎沒有交談。十二年後，身邊有兩個孩子的他回想當年：「我真的認為，沒辦法交談反而是交往順利的原因。我完全沒有要分享的壓力，紀子與我必須用其他的方式表現我們有多喜歡對方。我們常煮飯給對方吃，幫對方洗澡，我幫她洗頭，一起觀賞藝術表演。我還記得有一天，我在拉法葉街上，看到一個叫做寇蒂斯的街友做了一尊了不起的雕像，他瘋狂歸瘋狂，卻才華洋溢。我與紀子嘗試用比手畫腳的方式解釋，說不出來的就表演，然後我幫她穿上外套，牽著她的手一路到鎮的另一頭。我們並不是不溝通，只是不用說的。」

將親密和控制混為一談

有許多人認為，實話實說，不隱藏任何事，此種不受限制的表白，必然助長和諧健康的親密關係，但我半信半疑，因為任何作法都可能到達荒謬的極端。艾迪和紀子提醒我們，就算不說很多話，也可以很親近，表白太過還可能讓我們置身親密的外圍地帶。

電影《Bliss》中，昏暗的燈光、若隱若現的胴體和伴隨性高潮的狂野呻吟，在這激情做愛的一幕後，立刻接著上演夫妻治療的場景。斯伯汀．葛雷（Spalding Gray）扮演的治療師堅持遵守開誠布公的空論，而做丈夫的看來相當難以承受。

治療師：「性生活如何？」

約瑟夫：「妳先講。」

瑪麗：「好吧。我要承認一件事。我偽裝高潮。我不想告訴你。我不想傷害你。」

約瑟夫：「妳是說，妳從來沒到過性高潮？」

瑪麗：「不是跟你。」

治療師：「約瑟夫，瑪麗把她的感受告訴你，而你要聽得進去，這是很重要的。」

顯然，知道對方的每件事，並且要他知道我們的每件事，並不一定會提高我們想親近對方程度。如果語言是溝通的場域，它也可能是無法超越的障礙，不用說也知道，我不贊成這種治療式的干預。

當親密的執行令過了頭，可能會近似脅迫。我在工作中見過許多伴侶不再等待邀請，便擅自闖進對方的內在，逕自要求入場，彷彿他們有權不限次數地進入愛人的內心世界。

當親密成了入侵而非親近，就需要附帶禁制令。

「你一定要聽我說。」

「照顧我，跟我說你愛我。」

原本應該正常發展，屬於美與智慧的愛情，對比較不情願用言語溝通的一方造成壓力。大衛・史納屈（David Schnarch）在著作《激情婚姻》（*Passionate Marriage*）中說明：對親密關係的願望，可能會讓一個人強迫對方也要相對付出，以逃避被拒的威脅。關於互惠的討價還價，大致像這樣：「如果你願意的話，我會看得出來。而因為我想要，所以你也必須這麼做。」總而言之，人不喜歡單方面與人親密。

有些伴侶會再往前一步，將親密和控制混為一談。關愛其實是變相的監視，是取得伴侶生活細節的蒐證方法。

「你午飯吃什麼？」

「剛剛誰打電話來？」

「你們男生在說些什麼？」

類似的質問假藉親近的名義，把雞毛蒜皮和更深層的瞭解混淆在一起。有些伴侶對彼此的生活細節如數家珍，但卻多年沒有進行有意義的交談，這經常讓我感到不可思議。事實上，這般赤裸裸的瞭解，往往意味著好奇心的結束，一連串問題取代了思慮更周詳、更發自內心的詢問。

當分享的衝動變成義務，當個人界線不再被尊重；當只有共同空間被承認，而私人空間卻被否定，這時，融合便取代親密，占有則接收了愛，這也是性生活的臨終一吻。

被剝奪了神祕感的親密，一旦將任何發掘的可能性排除在外，就變得殘忍。

當沒有任何事可以隱藏，也就沒有任何事需要被發掘。

身體也會說話

如果把溝通的重要性捧得半天高，結果往往讓男人處於不利地位，而女人則落入性欲被壓抑的陷阱。

否定女性身體的表達能力，這點令我頗為困擾。偏好以溝通做為培養親密關係的主要途徑，等於強調：唯有與人發生關係，女性的性欲才具正當性；女性唯有透過愛，才可以解放肉欲。

過去，女性的性欲和知性從沒被視為一體。女性的肉體被控制，性欲被壓抑，以防止男性的品德因女性而墮落。賢良淑德加上純潔、犧牲和柔弱，成為德行高尚的女子的特點。而上述女性的雙生女魅魔（succubus）[6]，例如婊子、蕩婦、小妾、妖女，則是粗俗的，她們重視享受，有著坦率的情欲，能為了遂其欲望而拋棄尊嚴。

積極的性欲為男人所專屬，女性不斷想擺脫父權主義下，將美德和色欲分離的情況，至今依舊和這種不公不義對抗。而當我們偏好溝通，貶低身體的重要性，等於共謀讓女人繼續被禁錮。

當談話變成訴苦和抗議

說到讓身體說話，米契和蘿拉剛好身在另一種處境。他們已經把性的自我，降低到刻板印象的地步。蘿拉形容米契是耽溺於性的典型男人，總是主張他的權利，無視她的感受。

「他唯一想跟我親熱的時候，就是想性交的時候，而且他可以隨時想要。」她憤恨不平地說。

蘿拉的意志力堅強，在兩人日常互動中時而專橫，她在米契眼裡是個對性壓抑的女人。她一

6 魅魔：歐洲及中東民間傳說中的女性邪靈或超自然體，常會在夢中以人類女性形式出現，以性交來勾引男人。

再拒絕他的攻勢，好像有某種深不可測的厭惡或輕蔑。

「她一副我是毒蛇猛獸似的，每次我碰她就退縮到別處去，我覺得自己就像坨『屎』。」米契尖酸地說。

另一方面，性對蘿拉來說，代表的是她從兒時吸收到的所有文化與家庭限制的總和。她的身體彷彿集各種禁忌和焦慮之大成。她和同世代的許多女孩（她五十歲出頭）（編案：本書二〇〇六年初版，蘿拉現在六十歲出頭）一樣，從小就相信自己只能在聰明和美麗中二選一，而非兩者兼具。記憶中父親對她外表的唯一評語，就是她日漸隆起的胸部。而母親則小心謹慎到了被扭曲的地步，認為她沒有太漂亮可真是幸運，因為男孩只想著一件事。

蘿拉長大成人後穿得活像裹肉粽，就連夏天還穿套頭衣，外人對她外貌的讚美，讓她有種受辱的感覺。對她而言，性欲會激起恐懼，因此她從不曾享受肉體的極樂狀態。

至於米契，性讓他感覺全然自由、不受壓抑且平靜，但他並非從小就這樣。他晚熟，有點內向害羞，運動表現平平，但是有兩件事讓他的青春期充滿希望，一是他很擅長跳舞，再者是他打從心裡愛女生。十八歲時，他愛上有豐富情場經驗的大四生希拉蕊。初次進入性愛的感官逸樂，簡直讓他爽到不行。難過的是，在他的婚姻中，過去一直給予他信心和喜樂的性事，現在卻令他感覺糟透了。在此同時，蘿拉則對婚姻感到徹底的不完美，她吝於享受，而且充滿罪惡。

我鼓勵米契和蘿拉能以更多的同理心聆聽對方。於是米契逐漸瞭解，蘿拉疏離自己的身體與他完全無關，減輕了被拒絕的難過，以及因為無法取悅她而產生的惱羞成怒。雖然他契深知自己的欲望根植於愛，但他必須幫助蘿拉，讓她相信他是真心對她感興趣，他非但不會自私地離去，反而渴望在一起。

至於蘿拉，則是瞭解當米契無法用言語表達情感時（他在感情方面總是這樣），他會用身體溝通。她老覺得米契「想上床」與她無關，只是原始的肉體解放。聽了米契的一番話，她才明白他需要用肉體的親密來表達柔情，表達他對情感交流的渴求，唯有性愛才能給他安全感。但蘿拉將他局限在非肉體語言中，排除他的感官語言，也遏止了他對她「說話」的能力。蘿拉蒙蔽自己，不看丈夫真實的一面，但這只讓她抱怨得更厲害。當米契落得必須使用被截短的語言，這位浪漫的愛人消失，惡霸崛起。

米契和蘿拉各代表「身心」這條連接線的兩極，對此意見相左的人卻往往成為伴侶。有一群人將肉體視為牢籠，感覺被囚禁，有強烈的自我意識，把自己批評得一無是處。對他們來說，肉體是禁地，令人尷尬又緊張。在他們身上，遊戲和發明的才能無用武之地，文字比姿勢和動作更讓人安心。他們在言語中找到庇護所，跟外界接觸時，偏好透過語言溝通。

另一群人認為肉體好比遊樂場，令他們感到自由、無拘無束。他們保留兒時完全住在肉體裡的能力，在肉體中放下一切，不必負任何責任。他們經常是比較想要肌膚之親的伴侶，尤其在做愛時，能夠逃離內心的抱怨。對他們來說，性是停止焦慮的解脫之道。至於比較喜歡用言語表達的伴侶，則認為性是焦慮的來源。

我身為治療師，設法讓每位伴侶都能更流利地使用對方的語言來溝通。蘿拉的經驗奪走她認識身體字彙的能力，她與很多女性一樣，與長久以來被壓抑的性欲抗爭。這樣的壓抑不僅使女性被迫順服，也讓她們必須倚靠男人的誘惑，才能初次一窺性行為的奧妙。撇開經濟和專業的獨立不談，蘿拉在性方面仍然是依賴的，她把自己的欲望推給米契來搞懂。

我和蘿拉一起探索欲望和拒絕、想要和不要、情欲被滿足和被壓抑之間，那種婉轉曲折的衝突。我請蘿拉盡情幻想，為滿足自己的性欲，負起責任。我將她的注意力引導到肉體的她，挑戰她突破警戒、罪惡，以及圍繞在性欲周圍，拒絕承擔責任的心態。她能不能直視母親的眼睛，仍然感受自己是個有七情六欲的凡夫俗子？她能不能耽溺在自己的情欲中，宣稱「好女孩」正式作廢？

當我指出米契和蘿拉被困在想像力不足的語言中，因為語彙太貧乏，導致情欲消失，這時米契痛哭失聲。

他說：「我並不憤怒，我是心碎的。」他的挫折總是讓他說出刻薄、傷人的話語。

我要蘿拉抱住他，而後我離開房間幾分鐘，讓他們有機會透過純粹的肢體碰觸來交流。

等我回去時，他們只差沒有從沙發的兩端掉下去，彷彿兩人之間裂了條鴻溝。我問怎麼了，他們馬上倒退回一開始相互指責的狀態。

「我試過了啊，可是他……」

「要不是她先……我才不會……」

我發現我的介入與其說是他們的意思，不如說是我一廂情願。換言之，他們還沒準備好。

由於明白說再多也是枉然，於是接下來的幾個月，我嘗試幾種作法，大多仰賴肢體互動，而非語言。我要他們帶領彼此在房間打轉，嘗試各種領導者和追隨者的互動關係，包括合作、抗拒和被動。我要他們往後倒向彼此等著支撐的手臂；要他們面對面站著，用張開的雙手互推；要他們照彼此的動作做。遊戲後的交談愈來愈坦白，批評也少了，甚至有點好玩。他們用肢體但不是性愛的方式來形容感情的僵局，這呈現出他們抗拒的模式。

蘿拉承認：「我可以讓他接近我，但別太親近。我信賴他，但就那麼多。我老是逃避，不是嗎？」

我告訴她：「當妳懷疑自己在性方面的魅力時，就比較難信賴米契對妳的欲望，指出他的錯反倒容易許多。持平而論，他也給了妳很多功課，多過面對自我懷疑。」

多年來，米契一直指責蘿拉對性不積極，而他對自己也有了一些領悟：「我在想，我也不怎麼有創意。我們練習的時候，我對於帶領感到不太自在，我很不願意承認，但我最喜歡消極抵抗。我是那方面的高手。」

我提醒米契，他跟初戀情人希拉蕊交往時，也是由她帶領，我說：「在肉體方面，你確實滿懂得表達自己，但你相當依賴強勢的對話者。到目前為止，蘿拉不是那種人。」

米契和蘿拉來找我時，我對於接下他們的案例有點遲疑。他們把我的治療當做最後的手段，我是他們二十多年來諮詢過的第三位或第五位治療師。多年來，他們一直嘗試運用交談來跳脫舊有的模式，但顯然沒用，反而容易陷入唇槍舌劍、防衛、惡意，或是完全「跳電」的狀態。他們相當程度地暴露自己，但這遠不是親密。

因為我瞭解得夠多，因此沒有被談話治療的習慣所限制，當談話已經變成為訴苦和抗議，毫無進展可言。練習提供了另一種檢視動態關係的觀點，將他們的問題實體化，給了我們全新的情境來共同解讀。這個經驗新奇到足以讓他們起衝突，並且干擾確立的地位，進展到新的領域。

在我與伴侶合作的過程中，我會強調親密不是單一性的，也不總是擁有一致性。親密是斷續的過程，就算最融洽的關係也有陰晴圓缺。家庭治療師凱依絲．外葛頓（Kaethe Weingarten）引導我們別把親密看成關係中的靜態特質，而是將它視為互動，不管是在孤立的時刻發生，或有沒有長期許諾都一樣，就像舞伴的步伐一致，陌生人在飛機上突然相認，災難目擊者的同舟共濟，乳癌、酒精中毒、恐怖主義、離婚等倖存者的同病相憐。另一種則是專業人士和服務對象之間的親密關係，例如醫師和病人、治療師和客戶、脫衣舞孃和常客。雖然我們期望在永續的關係中體驗認同，但這不一定跟同一件事有關，必須依當時情況而定。外葛頓的想法，讓我不再把關係二分為親密或不親密。相反地，我追蹤每對伴侶在經過一段時間後，是否有能力應付接二連三的親密之舉。

情感透過交談迂迴地進行，可以是為愛人製作一個書架、替老婆的車子換上雪胎、學會做婆婆的雞湯，這些全都投入了感情。《屋頂上的提琴手》中的金寶提醒我們，即使最平凡的日常活動，一段時間過後都會交織出豐富的感情。非語言溝通大師艾迪與紀子，就讓我們瞭解表達愛意的另類方式。

當我們只在意文字內容，無異搬石頭砸自己的腳；當我們有許多方式可以聯絡感情，就需要更尊重並且認同以實際行動碰觸他人的方法。

沒有一個性權利法案，能對抗情欲想像的目無法紀與天馬行空。

——戴芬妮．莫爾金（Daphne Merkin）

第四章

民主vs火熱的性：

欲望和兩性平權主義，並不遵守同一套法則

好幾年前，我參加一場全國性會議，其中有講者提到一對夫妻前來接受治療，部分原因是他們性生活的次數顯著降低。以往他們扮演一方支配、一方臣服的角色，而今老二出生後，妻子想要比較傳統的性愛，丈夫卻堅持沿用一直以來的性愛模式，兩個人僵持不下。

講者說明解決這對夫妻的難題，需要檢討他們婚姻的感情動態關係，以及「父母」這個新身分。但在接下來的討論中，聽眾感興趣的與其說是這對夫妻的整體關係，不如說是他們在情欲生活中出現令人困惑的「統治」與「臣服」問題。

幾位與會者發問，這個男的在性方面必須將妻子物化，而妻子渴望成為情欲的奴隸，背後究竟有什麼病徵存在？有些人推測，或許媽媽的身分替妻子找回了自尊，於是她拒絕卑躬屈膝。有些人則說，性愛生活的停滯反映出長久以來的性別差異——男人傾向追求分立性、權力和控制，女性則渴望愛與情感的交流。更有人斬釘截鐵地說，這樣的夫妻更需要以同理心交流，以反制進入一種隱約有虐待、權力導向的關係。

這些發言釐清一件事：這樣的例子先天上貶低女性的身分、斥責兩性平權概念，也與健全的婚姻背道而馳。

在討論「性」兩個小時後，大家一次也沒提到愉悅或情欲，所以我終於開口了，我說我不知道是不是唯一對遺漏這兩者感到訝異的人，畢竟性愛是你情我願的事。女方不想再被先生綁住，或許是因為現在有個小嬰兒一直依偎在她懷裡，孩子比任何一種繩子更能將她綁牢。觀眾當中難道沒有人有自己的性偏好，而且認為沒必要詮釋它或替它尋找正當理由？為什麼不假思索便認為這對夫妻在情欲的遊戲中，必定存在著貶低和病態？

講得更清楚些，我不知道女人二話不說就扮演起臣服者，對現今的女性主義是不是個太大的挑戰？設想一位堅強、自信滿滿的女性，對扮演性的臣服者卻樂此不疲，這種現象是否太具威脅性？類似的認知是否減輕女性的道德權威？或許這次會議的與會者擔心，倘若女性透露類似欲望，等於多少認可男性在商業、專業領域、政治和經濟等的主導地位。或許性的支配與臣服、征服與隸屬、侵略與投降（無論哪一方扮演哪種角色），都無法和公平、妥協與平衡支撐現代婚姻的理想共存。

身為美國社會的相對局外人，我猜我在這場會議中所見的態度，反映出文化上的更深層假設。在場的臨床醫師是否認為，這對夫妻在性方面的習慣，即使經過妥協而且完全非暴力，但卻太不循常理且「不正常」？而這對維繫婚姻和養育子女這種嚴肅至極的事，是不恰當且不負責任的？彷彿性愉悅和情欲誤入歧途，走上非傳統的幻想與遊戲世界，其中尤以涉及侵略與權力者為然，因此身處堅定關係的負責成人並不適合這麼做。

會後，我和幾位來自南非、中東和歐洲的婚姻治療師進行激烈對話。我們發現每個人的觀念都與美國人的性態度不同。然而，觀察並且指出文化的差異性談何容易，這就像想歸納和表述性欲這類充滿禁忌的主題，往往注定失敗。但若我能試著提出粗淺的觀察，我會說：平權主義、率直和實用主義在美國文化的地位鞏固，難免影響了我們對於性和愛的想法與感受。另一方面，拉丁美洲人和歐洲人對愛的態度較有包容力，也比較可能具體表現勾引的動態變化、對官能的著重和互補的概念。

平權主義與尊重的性愛，對男女皆有反效果

美國的優點，像是信仰民主、人人平等、建立共識、妥協、公平和相互忍讓，一旦以過度拘泥形式的方式被帶進臥房，會讓性變得極度乏味。性欲和公民道德並不依循同一套規則，儘管開明的平權主義代表現代社會的一大進步，卻在情欲方面釀成災情。

伊莉莎白花了二十年的青春，把維多從傳統大男人主義的義大利南方，帶到紐約郊區的後女

性主義平權思想中。當他用濃濃的義大利腔說道：「我認為我們的夥伴關係改善許多。」我就知道他的思想曾經發生多少轉變。

伊莉莎白年約四十歲，形容自己「超級負責」，她在學校擔任心理醫師，除了要看顧四百多位小學生，家裡的事也大多由她打點。「我做的事都是正確的，我一定是極端任務導向類型的人，我會列清單，然後逐項完成，幾乎從沒出錯過。我在人際關係中總是被指定扮演協調者，幹練十足而且操控著一切。我好像從沒有時間放下，當個自由自在，甚至有一點不負責的人。」伊莉莎白頓了一下，靦靦地笑道：「後來我認識維多，才發現我多麼沉迷於扮演性的臣服者。這也許不符我對自己或別人對我的瞭解，但事實就是如此。」

「因為性可以讓妳不顧一切地瘋狂？」

「是的。」

「它是妳不必做任何決定，不必對任何人負責的領域。」

「對我來說就像放假。我不必化妝，不必接電話，不必做決定，性愛就好比美好又遙遠的小島，遠離日常生活的一切。我可以就這麼走出我的世界，變得性感又有點狂野。」

伊莉莎白想被男人支配，讓男人告訴她怎麼做，彷彿她透過自己情欲的一面，來改正生命的失衡狀態，為生命重新注入泉源。伴隨著無力感而來的放縱令她開心，在不平等的禁區內玩耍，給了她充電的機會。

「當他狂暴地撲向我，讓我性致盎然，這舉動提高了張力，好像他對我的渴望已經到了身不由己的地步。」伊莉莎白說。

維多立刻補上一句：「她投降的時候，我就知道我讓人難以抗拒。」

暴力、強暴、性走私、青少年色情電影和仇恨犯罪，要我們嚴加管束氾濫於性政治學中的權力濫用，但是性的詩意語言往往是失衡的，例如權力鬥爭、角色倒置、不公平的優勢、跋扈要求、勾引的操弄、微妙的殘酷等。

美國男女深受女權運動和兩性平權理想的影響，經常受到這些互為矛盾的事物挑戰。我們擔心，即使是妥協後的成人關係，若想在性當中玩弄不平衡的權力，仍必須冒著極大風險，因為「尊重」正是人類關係中不可或缺的一環。

我絕非要倒轉歷史，也不主張反女性主義的議題。探討現代夫妻和性的認識，如果未能體認女性主義對美國家庭生活有著既深且廣的影響，那麼類似的討論就固執到有違常理。婦女運動設法消除根深柢固的兩性不平權，並挖掘長期由男性支配的各個生活領域結構（包括性欲）。女性主義要挑戰的雙重標準，一是鼓勵男性進行性欲實驗，甚至將它視為必要的發展階段，但又禁止女性有相同的好奇心；其次則要求女性在性方面從一而終，但是又對男人的玩世不恭視若無睹，只因為「男人就這副德行」。（目前還有幾個國家，允許男人殺死不貞潔的妻子，而不受任何法律制裁。在某些文化中，殺她是扳回他和家人面子的唯一方法。）

長久以來，性別差異及伴隨而來的忌諱，被視為至高無上的命令，也在生物學上根基甚深，因此難以改變。女性主義顯示，這些無容辯駁的真理與人物刻畫，其實是一種社會建設，強化了行之有年、明顯有利於男性的性別秩序。而《性別與身體政治》（*Our Bodies, Ourselves*）和《女廁》（*The Women's Room*）等書，目標則是找回女性在法律和心理的性自主權，擺脫主宰女性性欲的限制。直到女性免於和性有關的傳統與真實危險，女性的性愉悅才算獲得解放。性病、強暴和非自願的懷孕不僅是種羞辱，同時毀了她們的人生，分娩的死亡威脅也總是如影隨形。

早期女性主義者對性自主的興趣遠高於性愉悅。她們認為只要男人主宰商業和政治，只要女人在經濟上必須仰賴男人，只要照顧子女的重擔完全落在女性肩上（即使最平權的夫妻也因此被打倒），就不能談論解放女性的性欲。但無可否認，美國的女性主義使得女性生活在各方面都有長足進步，要不是她們的努力，我們無法想像女性在性方面可以擁有真正的自由。

不過，這些進步也夾帶某些人們不想要的後果。在不毀損這些歷史重要性的情況下，我由衷相信強調平權主義與尊重的性愛（掃除所有權力、侵略和違反道德的表現），對男女的性欲皆有反效果。

在情欲中跳脫自己

伊莉莎白和維多努力經營平權婚姻，但是性卻將他們帶到另一個地方。在她與維多的關係中，不被接受的權力不對等，正是令她情欲高漲的原因。一開始，她在揭露自己的特殊性偏好時有些不好意思，因為這與她身為自由派的大女人形象不符。「我費了好大的勁，才接受令我產生『性趣』的事物。許久以來，我被我的幻想困擾不已，臣服不是我的作風，我花了好幾年，才終於把挑動情欲的事物跟我的政治信仰調和。我從婚姻、子女和事業中，領悟到該是時候停止隱藏和偽裝。最重要的是，我不再為我是怎樣的人、我渴望得到什麼而感到抱歉。年齡增長是有幫助的。我不覺得有必要替自己尋找正當理由，或許那就是性解放的意義吧。」

許多女性認為，對性臣服的欲望難以被他人所接受，但情欲容許我們做的也正是「跳脫自己」。在性愛中，我們視文化拘束為無物，白天嚴格遵守禁令，一到晚上卻巴不得趕快犯規。性愛是我們安全體驗禁忌的另類空間，兩情繾綣的想像畫面足以推翻理性、傳統與社會障礙。

當我指出愈多頓悟後的張力，伊莉莎白看似愈發輕鬆。於是我繼續說：「當然，最恐怖的莫過於在『現實』中真正失控，但幻想的重點在於能超越日常生活的道德和心理限制。」在盡情表達性欲的過程中，我們任由不羈的衝動擺布，屈服於不被認同、充滿暴力與性的駭人自己。猶太神祕主義學者莫德凱．葛夫尼（Mordechai Gafni）解釋，幻想就像一面鏡子，我們把它舉在面前，為的是看到鏡子後的自己，發現原本不可得的自我形象。如果許諾終身要求以自由換得保障，那麼情欲就是回到自由的門徑。我們在寬廣無垠的想像中找到自由，使我們能忍受現實的束縛。

在感情關係中深具挑戰性的權力與控制的動能，一旦情欲化後可能變得讓人很想獲得。我們在情欲心靈的嚴峻考驗中，帶來比較令人惱怒的愛情成分，像是依賴、屈服、嫉妒、暴力攻擊，甚至是敵意，並將這些轉化成大量興奮的來源。

我的患者奧斯卡無法忍受妻子的頤指氣使，但他倒是樂得在性方面被她耍得團團轉。當她喝叱他去洗碗時，經驗帶他回到老媽的廚房，可是等燈一熄滅，深惡痛絕的家務事，在情欲中卻成了他的上上之選。

麥斯威爾老是虎視眈眈地盯著美麗女友的眾多仰慕者，他跟她做愛時，老是把他們掛在嘴邊。公開場合的威脅，私底下反倒增進情趣，換言之，他把每天擔心的事，成功地幻化成晚間的誘惑。

至於事事作主的伊莉莎白，當維多在性方面接下主導權時則樂得輕鬆，他的控制並不令她感覺粗暴，反而覺得受到呵護。而當他知道怎樣來點變化時，她又更尊重他了。他的控制給了她一個安全的空間來釋放精力充沛的自己。

權力失衡既安全又性感。換言之，它既能保護人，又能解放人。

臣服的欲望

有些人會說，伊莉莎白對臣服的欲望，不過是重演父權統治的傳統罷了。他們宣稱一位主控者、一位消極弱勢者的兩性關係，先天上就是階級制度與壓迫，僅僅是從性別歧視的角度重新上演父權制。不過，囚犯幾乎不會想假裝自己是囚犯，只有自由的人能選擇假裝，在我看來，角色扮演多少意味你不再被這些角色所控制。表演有擾亂性別分類的可能，對伊莉莎白來說，在性方面受到控制，本身就是顛覆性的舉動，令她有解放之感。

馬可仕的情況類似，他在一家大型國際軟體公司帶領研發團隊，是典型的A型男人，充滿鬥志與野心，在空中飛的時間多於在地上走。他的堅強意志和積極進取，使他在競爭激烈的行業中，順理成章當上領導者。他的諸多活動總離不開「活力」這個字眼，對話中經常出現：從事活力競走、喝活力飲料、吃活力午餐，並利用十分鐘的活力小憩充電。

此外，他喜歡利用閒暇時間，讓自己的屁股好好挨一頓揍。

馬可仕來到女友住處時，已經應付老闆一整天，與這位在性方面主導一切的大女人在一起，讓他暫時脫離掌控的局面。由主導一切的女友來扮演女皇，他則舉白旗投降，這不僅讓他在性愛中獲得愉悅，也給予他情緒上的養分。馬可仕就像伊莉莎白，在情欲的鏡子中感受被淹沒卻充滿生命力的自己。

我們的文化將被動視為陰柔，於是為男人（也為許多女人）帶來情感上的嚴重衝突。但是我們卻不會因此一味地主動，而被動也不因此被人們所厭惡。

馬可仕恐懼和渴望投降的程度一樣高，他的幻想使得有限度的被動成為可能，那是用安全、隱性的方式回到母親懷抱。雖然他無意用知性或沉重的心理學來解釋他的「動機」，但他在情欲方面的意向，卻挑戰著「男人永遠在上」的權力刻板印象。

沒有恨，哪來愛

有一群現代親密關係的捍衛者，他們以婚姻諮商和勵志書籍的作者為首，不斷試圖解決在互許終身的關係中，存在的棘手權力爭議。人們說，理想的夥伴關係在各方面都達到絕對平等，彷彿只要有天秤在手，就可以用量化的方式衡量權力。許多人沉浸在公平性和相互性的意識型態中，以為那就是關係的全部。

權力的交涉確實是所有人類關係的重要部分，透過權威、脅迫、大欺小、侵略和嚴懲的方式斷然表達權力，最容易被我們識破。掌權者的賞罰，要看對方有多順從自己的心意。但是弱者也有弱者的權力，尊重、被動、隱瞞、討好，而且受害者在道德上高人一等，也展現了自己的力量。

權力和權力的失衡無可避免。皮爾森在《感覺強烈》（*Feeling Strong*）中提到，人最初是在家庭的權力組織中，瞭解到權力的不對等，他說：「所有權力的關係、所有支配或順從的欲望，都有心理學的根據，亦即每個人都曾是小小孩，都有父母，而他們的存在，根植於我們自覺身在失控的世界中，力量微弱，卻必須有能力馴服世界。」童年是權力策略的基本訓練期，我們有我們的意志，父母有父母的意志；我們要求，他們反對；我們為自己想要的討價還價，他們則告訴我們可以擁有什麼。我們學會抗拒、學會屈服。在最好的情況下，我們學會平衡、協調與理解。

所有權力模式也被無意地帶入成人的親密關係，這時性別成為關鍵，男孩女孩在發揮力量時，各自經過極為不同的入門指導，男人變得擅長直接表達權力，女人則是間接表達，在我們的性愛腳本中，這些差異依稀可辨。

長大成人後，我們尋求控制，部分是為了抵禦愛情先天的脆弱。當我們將希望寄託在某人身上，依賴度便急遽上升，也經驗太多挫折和失望。我們愈無助，遭羞辱的威脅也愈大。當要的愈多，得不到時也就愈憤怒。小孩知道這點，戀愛中的大人也是，沒有一個人能像伴侶那樣快速地將我們帶到沸點。

愛情總伴隨著恨。我們擔心自己太過依賴，但許多人其實更害怕自己過於憤怒。我們依賴複雜難解的扭曲關係，為的是讓一切問題都在掌控中。然而，成功落實平和相處模式的伴侶，卻極少是激情的愛人。當我們混淆了堅定主張和侵略這兩件事，弭平兩人的相異處，調整自己的渴求，並且用理智趕走敵意，等於製造出一種讓人放心卻不刺激的平靜狀態。

米契兒提出，包容侵略是愛一個人的先決條件，我們要整合自己的侵略行為，而不是將它徹底撲滅。他解釋：「浪漫的退位和欲望的減弱，不是因為愛情遭到侵略與汙染，而是因為沒能在愛情和侵略間維持必要的張力。」

性虐待：邀請你瞭解最私密的我

傑德是一個性平易近人、儀表堂堂、舉止溫和的建築師，他才華洋溢、說話得體、很親切，從不為任何事與人當面衝突。但在性方面，他卻像變了個人似的。

傑德十幾歲就懂得什麼是性虐待（sadomasochism），多年來，他透過宣洩情欲而侵略他人；他喜歡皮革、粗糙的表面、鐵鍊和手銬，他說：「以前我很害羞，不敢大聲說出自己的主張，但同時我也經常生氣，不曉得該怎麼辦。我太怕傷害別人，所以什麼都悶在心裡。」

「我瞭解性虐待對你為何這麼有吸引力，因為你可以發號施令，又不必擔心傷害任何人，那種說一不二的規範和事前談判，讓你有安全感。你在感情上喜歡把別人擺在優先位置，性的支配是你推翻對方無上權威的方式，同時也說明你在感情上為什麼是較典型的順從的一方。」

他說：「一點也沒錯，但妳知道的，一切不外是她們的需要。我在取悅她們，她們想要，這才是關鍵。她們必須真的很有興趣，否則我就不會越雷池一步。」

多年來，傑德總是避免和女人認真交往，與愛人親近讓他有種「被否定」的感覺。過去那個羞澀的小男孩揮之不去，使他畏懼無力和依賴的感覺。「在我愛的女人當中，凱若是第一個讓我不會感到有所虧欠的女孩，不必隨時注意自己會被這段關係給搾乾。」

傑德長大後成了獨行俠，朋友屈指可數，青春期多半在閱讀科幻小說、關在房裡聽重金屬音樂中度過。凱若也在鄰近一帶長大，對中學時候的傑德幾乎沒有印象。她是個萬人迷，外表亮麗、個性活潑，擔任紀念冊的編輯。「我不是模範生那種等級的，但我挺受到尊重。」即使到今天，凱若還是有很多朋友，她的社交圈以她為樞紐。她正擔任紀錄片的製片人，為後勢看漲的前途錦上添花。

高中畢業十一年後，他們在一場婚宴上不期而遇。傑德已經學會用嘲諷掩飾害羞，凱若則被他敏銳的洞察力和不落俗套的幽默深深吸引。附帶一提，他已經搖身一變，成了大帥哥。離開前她向他要了電話，因為她知道自己會是先採取行動的一方。他們開始交往，在一起已經六年。

傑德和凱若在生活中大多配合得很好，但兩人在性方面的感受度卻差異頗大。她說：「我真不曉得他這股勁究竟打哪兒來的，這種情形對我來說還是頭一遭，我跟很多男性交往過，很多怪異的事都能讓我興奮。但或許是因為我生長在一個推崇女性主義、尊重女性的世界。某方面來說，我有種不被尊重的感覺，覺得有點低賤、俗氣，讓我覺得像……」

「蕩婦？」我問她。

「不，我倒不覺得做蕩婦有什麼不好。我放蕩了好一陣子。我只是覺得自己變得比較不被人渴望。我不覺得這樣的性行為是因為我而發生，所以不覺得跟它有任何關聯，也沒有被它激勵，我對它更不感興趣。合理嗎？」

「嗯，合理。」傑德回答。「不過，我並不將這樣的性視為忘記妳、忽略妳的身分。對我來說，這麼做代表了我完全跳脫我的保護層，去告訴妳『我是因為夠信賴妳，才會讓妳看到這一切』，這是我尊重妳的方式。」

為了讓治療得以持續，傑德和凱若必須對彼此的想法更有概念才行。我要他們在一張紙中間畫一條線，分別在這張紙的左半邊，寫上「愛」這個字給他們的聯想，我的提示是：

「當我想到愛時，會想到……」
「當我愛的時候，會感到……」
「當我被愛時，會感到……」
「在愛中，我尋找……」
做完後，他們把下一組答案寫在右半邊，下一組提示是：
「當我想到性時，我想到……」
「當我有欲望時，我感到……」
「當我被欲求時，我感到……」
「在性中，我尋找……」

以上的練習雖然簡單，卻具有不可思議的啟發性。首先，它說明伴侶用什麼方式解析愛與欲，以及雙方的解析有多麼不同，又如何交織在一起。第二，它讓我們得以檢視伴侶間對類似約定的和諧性。我推想傑德和凱若是用相反的方式體驗性愛，想從性中尋找不同的東西。

凱若想透過性獲得親密接觸，而愛能替她的欲望增溫，愛使她聯想到溫暖和安全，被愛讓她感到安全，被對方渴望也是如此。對她而言，性是快活的、有益健康、豐富的。「我跟每個和我有性關係的人都有很好的感情，就算一夜情也會笑著離開，心想自己墜入愛河。我瞭解性和愛不見得是同一回事，我不必想嫁給每個和我睡過的男人。」

至於傑德，親密的情感交流在肌膚相親後出現，而愛與性的交融則不像凱若想的那麼天衣無縫。愛給人安全感但也是限制，混雜了衝突。「我覺得，我好像被迫限制自己的言行以免傷害到她，我感到脆弱無力，有如暴露在陽光下，失去方向感，滿痛苦的。我認為我也許沒有被愛的資格，因為我覺得自己不值得被愛。我還是不明白她究竟愛我哪一點，我好焦慮。」但一說到性，他的感受卻截然不同。「性總是令我心醉神迷。那是我可以真正做自己的領域，可以表達各種被隱藏感受。性和權力糾結不清，我沒辦法完全區分二者。」侵略是他性欲固有的一部分，幫他壯膽，他不需要把女性的需要或感受擺在自己之前，也不再因為一味關注而迷失自己。「我需要權力，因為我的無力感已經持續好久，我需要區隔。」

「感情太濃烈反而是性的障礙，因為你會開始畫地自限，跟你在『愛』那一欄形容的限制一樣。」我表示。

「如果我太關心她，就不能冒險暴露我的侵略意圖，我在意她對我的想法，妳懂嗎？對方不能太接近我，否則我會感覺受到威脅。距離才能使我產生欲望。」

傑德正試著勾畫他對凱若的性欲架構。侵略是最原始的激勵，但是真正的引燃點卻是侵略賦予他的獨立自主。他說：「重點是，儀態再也不重要，別人怎麼想也不重要，尊嚴也不重要，只剩下我的需要、動物性的欲望。那正是自由，我這輩子奮鬥的目標。」

面對事實，傑德和凱若在性的配合上並非完美，他們的關係可能永遠不會變成電影《愛你九週半》（Nine and 1/2 Weeks）那樣。但是，每當他們考慮分手，他們知道自己或許能找到更好的性伴侶，但卻可能找不到更棒的人生伴侶。

以下是我的作法。既然傑德多半是在性愛的支配中才能感覺到自己掌控一切，因此我支持凱若的要求，希望感受到傑德在臥房外也勇於表達意見。她說：「性讓我覺得好彆扭，部分原因在於傑德在其他方面都被動到不行，兩者對比實在嚇人。我希望他平時更果斷，別那麼唯唯諾諾。」

我鼓勵傑德開始在性以外的領域表達主張，他很不習慣勇於表達，挑選餐廳和電影對他而言就有點難度；告訴凱若他想待在紐約過感恩節（而非和她整個家族的人見面）幾近不可能。

我從不表示傑德需要重新建構他的性欲，但我確實催促他在其他領域也學著發揮力量。瞭解自己希望在性以外的領域也同樣受到尊重，這樣的認知對他而言相當重要。

同樣地，傑德也不介意凱若將運籌帷幄的能力，從編輯室搬到他們的床上。他表示，凱若也可以把勇於表達的行事作風，帶到他們的性生活中。「當妳刷完牙、穿上睡衣，然後用不帶感情、輕描淡寫地口吻問，我們今晚要不要做愛，那對我完全起不了作用。我需要更強的挑逗，跟我說妳要什麼，直接拉下我褲子的拉鍊，一絲不掛地走進房間。總之就是不要問『今晚要不要做愛』。像我就為妳做許多事，我會點燃蠟燭，製造妳喜歡的氣氛，輕柔緩慢地跟你做愛。我為妳絞盡腦汁，我有努力，妳沒有。」

對凱若而言，她從不喜歡傑德怪異的性癖好，但我鼓勵她敞開心胸去瞭解。她以往總是接受傑德的求愛，但卻評斷他，也無法領略他的色情品味，有被迫受辱的感覺。令人難過的是，她沒能理解傑德是信賴她，才請她一窺他情欲的根性，而這麼做其實冒了很大的風險。

性的侵略性

擁護性怪癖的人（至少我遇到的那些）大多是被權力帶來的情欲所吸引，而不是外人眼中看到的暴力性愛或性虐待。事實上，經過仔細交涉的約定，明訂性愛的內容，哪些能做、哪些不能、誰來做、對誰做、做多久等，目的是確保愉悅並兼顧安全，依照自己的意願去順從對方，在容許的程度下採取支配的行動。

在性的宇宙中，權力競逐變成玩物和實驗項目，人們可以暫時體驗在真實生活中不願參與的關係。如果我們平日避免依賴，在情欲中或許就想依賴一下；如果我們的侵略行為使我們不自在地緊張發抖，那麼性的侵略行為讓我們可以安全地體驗權力。無論我們在真實生活中有多反對順從（如伊莉莎白）或多麼獨立（如傑德），性的這齣劇碼都可以抒發強烈的情感。

長年來，性虐待（S—M）與支配和順從（D—S）都屬邊緣行為。社會學家安東尼．季登斯（Anthony Giddens）認為，這主要是男同性戀者的行為，他們往往比異性戀者更理解為愉悅而從事的性侵略。近年來，這些邊緣行為進入主流，二十一世紀初，有愈來愈多人從發號施令和接受指令之中獲得性快感，他們有同性戀也有異性戀，有男有女，有左派有右派，有都市人和鄉下人，人數多到塞不進心理學的檔案夾。

社會評論家卡蜜兒．佩吉里亞（Camille Paglia）將支配和臣服的興起視為集體幻想，那扭曲了平等主義文化的棘手問題。在我看來，支配和臣服的儀式對一個吹捧控制、蔑視依賴並要求平等的社會，似乎是顛覆性的作法。在以上價值觀深受重視的文化中（例如美國），我們發現愈來愈多人放棄了控制，樂得仰人鼻息，並正視此議題沒人想談論的不公正。

從這個角度看來，性俱樂部轉眼成了收容被社會拒絕者的避難所，這種擺明的權力交換，在雙方同意下，可以從一方任意轉到另一方，這與社會上普遍的權力分配，大相逕庭。真實生活的權力交涉困難得多，畢竟沒有人願意放棄手中的那塊派。

我對社會普遍的權力不對等有相當敏銳的覺察，每天總是目睹親密暴力的餘波蕩漾，但我也知道「侵略」是人類的情緒，無法自外於人際互動，尤其是彼此相愛的人。侵略是愛的陰暗面，也是性欲的固有元素，永遠無法和性關係一刀兩斷。

在研究伴侶問題的工作中，我的目標是發現造成權力改變的動能，試著讓這些力量現形，檢視其中的張力，矯正不公平的狀態。我也檢視每對伴侶特有的和諧的失衡狀態，因為並非所有不公平都會招惹麻煩，有時反而會成為和諧關係的基礎。我不光想中和這股力量，同時也想用安全、有創意、無所恐懼且性感的方式來表達。

精力與堅持不懈征服一切。

——班哲明・富蘭克林（Benjamin Franklin）

第五章

努力不一定能成功：

情欲不是正經八百的計畫

美國是個目標導向的國家，即便對愛情亦然。美國人喜歡打開天窗說亮話，一條腸子通到底，不喜歡無法計量、搞曖昧或含沙射影。他們仰賴具體的文字來傳達情感和需求，而非透過微小的管道來親近對方。

「說重點。」「有話直說。」「別拐彎抹角。」美國發明勇於表達的訓練，一般偏好清晰與未經修飾的直接方式，而這也受到許多治療師所鼓勵：「如果想跟伴侶做愛，幹嘛不說清楚、講明白？而且要明確告訴對方，你想要什麼。」

美國人相信，只要有了明確的目標、周詳的計畫、扎實的組織技能，外加努力，任何事都有可能達成。這就是美國人樂天主義背後的概念——只要把力氣用在對的地方，加上百折不撓的決心，沒有無法克服的障礙。一分耕耘，一分收穫，如果你一事無成，你八成是個懶散、毫無活力、放縱自己的人，不願意認真追尋想要的東西；你欠缺「勇氣和活力」，要怪也只能怪自己。而這種鼓舞人心、創新冒險的詮釋，沒理由不延伸到任何生活或感情的困境。

而將這模式應用到感情，就會得到類似以下著作的結果，如《用哈佛學的，在三十五歲以後找個老公》（*Finda Husband After 35 Using What I Learned at Harvard Business School*），或是瑞秋．葛林沃爾德（Rachel Greenwald）、克萊兒．赫金斯（Claire D. Hutchins）寫的《五分鐘到高潮》（*5*

Minutesto Orgasm Every Time You Make Love），以及多明娜・倫蕭（Domeena Renshaw）的《七週改善性生活》（*Seven Weeks to Better Sex*）等著作。

美國人喜歡先瞭解自己的需求後，再奔回本壘得分，如果你知道自己想從關係中獲得什麼，就致力去追求。先把它細分成數量適中、約十個以下的步驟，保證就能送你進入現實世界的開心樂園，一分鐘也不耽擱。

身為歐洲人的我，對美國人的樂天主義總是讚嘆不已，這種樂天主義與遍布世界其他地區，以宿命論或聽天由命思想為主的傳統文化相反，表現出一種「操之在我」的健康感知。美國人不喜歡說：「事情就是這樣，你改變不了的。」

但是，這種事在人為的態度，卻變相地鼓勵我們，以為日漸消退的欲望只是有待修正的問題。從坊間雜誌到心靈勵志書籍，都鼓勵把性生活的貧乏視為時間安排不當，要不就是溝通不良。前者只需要進一步妥善排定事情的優先順位，並進行時間管理即可解決。如果問題出在雄性激素不足，我們可以弄到一帖藥方。至於無法輕易用醫藥治療的性壓抑，我們還是有一堆補救方式，像是書籍、錄影帶和各種情趣用品，不僅可以解決基本問題，還會讓人爽到難以想像。蘿拉・吉普尼斯（Laura Kipnis）在《反對愛情》（*Against Love*）一書中，寫到：

一個嶄新的部門從經濟體誕生，孕育龐大的周邊產業和市場，從威而鋼到情趣用品，社會對新科技大舉投資，是垂死婚姻的後資本主義露德（late-capitalism's Lourdes）[7]。伴侶現在可以用新潮科技，讓已死的激情回生，好比濟世救人的醫生，用亮晶晶的心肺復甦機和人造器官，讓屍體繼續呼吸。

以上務實的處理方式正是天定命運論（manifest destiny）[8]主張的，偉大國家解決問題的典型方式——把問題細分後逐一研究，擬定按部就班的計畫，只要照著做，問題就可迎刃而解，而且結果保證可以估算。但是，把它應用到性的問題上，你會得到一個模型，模型的焦點與其說是性的感受，不如說是性的運作。性治療師里奧諾爾．提佛爾（Leonore Tiefer）警告我們，按照這種典範，人體會變成各個不相關器官的集合體，而人整體的滿足，就會變成是個別器官運作良好的結果。

這種「生理表現才是王道，欲望跟爽只是次要」的觀念，一方面說明了我們為什麼那麼強調性器，同時強化了性事中男性的優先權，以及由男性支配的導向。陰莖取代它的主人成了新病號，而「堅挺又持久」的能力，讓其他性方面的擅長之處變得無足輕重。有了威而鋼，性愛立即被簡化成勃起。（女性威而鋼的詢問度也逐漸上升，對目前所有用家事交換性愛的老公來說是好消息，但是對那些將自己缺乏欲望視為與浪漫有關的妻子，卻是壞消息。）性愉悅的主觀體驗被客觀的標準一覽表取代，這些標準很容易被分門別類，令人難過的是，它們被簡化成勃起、性交、高潮三個項目。

性欲被量化，以統計數據來評量我們是否符合標準。《新聞週刊》（*Newsweek*）告訴我們：夫妻每年做愛不到十次，就符合目前專家對「無性婚姻」的定義。所以在一年間做愛十一次的夫妻就可以鬆一口氣，其餘的人就得把自己歸入百分之十五至二十之間的標準無性夫妻。

我們滿腦子想的就是性生活的頻率和性高潮的次數，夠激情嗎？表現可以打幾分？至於那些日常可見、無法量化的愛情、親密、力量、屈服、官能性和興奮等話題，則鮮少登上報紙頭版或雜誌封面。情欲做為無可衡量的生命活力和想像特質，被簡化成法國作家尚克勞德．吉爾包（Jean-Claude Guillebaud）所謂的「生理學的算術」（une arithmétique physiologique）。

7 後資本主義露德：露德位於法國西南部，是著名勝地，有不老泉水，這裡指回春的方法。

8 天定命運論：十九世紀中，主張美國控制整個北美是上天注定的理論。

把性簡化為一種功能的同時，我們也召喚出了功能失常的觀念。

聊起性，我們不再當一門藝術，而是一種技術。科學取代了宗教成為新的權威，而科學比起宗教是更難纏的仲裁。即便是不把宗教當一回事的人，醫學也有辦法把他們嚇得皮皮剉。比起醫師的確診，區區一點罪算得了什麼？古人凡事道德化，我們凡事標準化；古人擔心違反教規，我們則焦慮在床上的表現不好。

根據我的經驗，以表現和可靠性為重點的治療，往往適得其反。強調技巧與性的量化，製造出諸多禁忌和焦慮，殊不知性邂逅的奧妙及其過程，經常是在一個安全、沒有競爭且不是結果導向的氣氛中展開。這也就是說，情欲不適合正經八百地計算分數。

務實的建議和專家的意見並非沒有用處或沒有必要。如果你拙於溝通，當然就該加把勁。如果你連做愛的時間都沒有，那你就是太忙。如果你知識不足，多吸收一點新知。如果你的生理狀況出問題，像是老化、荷爾蒙改變、糖尿病、攝護線癌、切除子宮等，就找位能提供醫療協助的醫生。坊間有許多書籍提供協助，但解決問題的模式卻未能呈現人類情欲的根本議題，這遠非任何高科技所能解決。

無法建立一套永遠的制度

我們確實是個以效率為傲的國家。但是陷阱來了，情欲是毫無效率的。情欲最愛浪費時間和資源，亞當．菲利普斯（Adam Phillips）就反諷地寫到：「情欲這檔子事，努力就是不管用……努力總是過了頭。」情欲是想像的舉動，而且無法衡量。我們只知道頌揚效率，卻忘了情欲是人生中美妙而奢侈的過場與插曲。我們在情欲空間裡只求愉悅，不談效率。帕茲寫到：「肉體合而為一的剎那，是時間的裂隙、是藥膏，用來治療時間造成的傷口。這一刻稍縱即逝，但也完全永恆。」這是進入超現實世界的一躍。

這一躍，讓失控成為必然結果，而「失控」也是我們從很年輕起就被教導要避免的。我們經過社會的洗禮，已經馴服自己最原始的一面，包括難以駕馭的衝動、強烈的性欲和強搶掠奪的欲望。社會秩序建立在這些限制上，一旦失去就可能造成混亂。由於失控幾乎一概被視為負面的行為，因此我們甚至不同意「投降」在情感或心靈上是具有啟發意義的。但是，在情欲中暫時脫序，往往能讓人感到自由奔放。我見過許多人因為解決不了性愛問題而受挫，因為指揮出了狀況而感到困惑恐懼，我讓他們瞭解如何刻意讓出控制權，做為個人成長和自我探索的方法。

萊恩和克莉絲汀接受治療已有一年，就在他們掙扎著從原本動輒「大戰三百回合」的夫妻，過渡到成為三個小小孩的父母這段期間，兩人曾經單獨，也曾一起來找過我。雙胞胎女兒出生後，這對愛人對彼此愈來愈提不起勁，雖然有些伴侶優雅順從地接受情欲消退的事實，以親情取代愛情，但萊恩和克莉絲汀卻不想放棄。對他們而言，以往有過的激情依舊珍貴，他們在擁有性生活和好好做愛之間畫了一道清楚界線，而他們已經有很長的一段時間沒有做愛了。他們租影片來看、洗鴛鴦浴，也很重視每個禮拜的約會，他們嘗試過很多新鮮的事物，有些效果不錯，有些則根本是浪費時間。其實他們的問題不是為做愛而做愛，他們關心的是性的深度而非頻率，困擾他們的不是性愛次數減少，而是性愛變得愈來愈無趣。他們想主動一點，於是開始蒐購新工具。

我想到幾件事可以建議這對夫妻，與他們一起從務實的角度看待欲望衰退的事實，但我對於用理性處理「心」的問題，提出我的質疑。我認為，在互許終身的關係中，希望性欲不隨時間消退，這樣的挑戰具有不同性質。我們並非總能事前就清楚知道我們的目標在何處，我們的欲望無法免除衝突，激情也不是都沒有矛盾，無論多少意志或理性都不能主宰我們的愛情夢。理性不知道夢來自何處，也不知道心的神祕需求，我們不能把盈虧定律全部應用在愛情和欲望上，即使是最合邏輯的作法，都無法解釋愛情裡的矛盾心態。

我告訴萊恩和克莉絲汀：「關於『怎麼做』，我沒有新東西可給。你們約會過，薰香也點了，就連潤滑劑都派上用場。所以你們對於規律的性生活是感到滿意的，但並不真正感到滿足，是不是這個意思？」

「是的，不過妳想說什麼呢？妳想說情況就是這樣了嗎？就像有首歌唱的：『難道就只有這樣？』」克莉絲汀問。

「這事沒有邏輯可言，激情無法預測，不遵守因果支配。禮拜一還行得通的事，到禮拜四說不定就不行。解答往往是個驚喜，而不是你們到目前為止的努力結果，所以我們不要談怎麼努力吧，不如來談談自由，以及玩耍。」

「啊？」

「試著跟我做做看，或許有點無厘頭，但既然路走不通，你們何妨一試。造成欲望僵化的是局限，我要你們想想與局限相反的『自由』，而且是從廣義的角度來談論。在你們的關係中，什麼時候覺得最自由？婚姻在哪些方面讓你更自由，又有哪些方面讓你比較不自由？你們放心給彼此多少自由？又給自己多少自由？」我起了話頭，希望他們自己繼續說下去。

我的建議希望能讓人在震驚之餘卸下自滿，或者至少能為對方帶來不同的思考方式。我試著為現況製造些許不安。雖然萊恩和克莉絲汀對現況不滿，但我並不確定他們是否已經鬱悶到硬著頭皮也要改變。我在治療中丟出很多構想，但我完全不清楚這些構想最後會變成怎樣，也不知道究竟成不成立。我讓自由的概念停留一陣子，看它會迸生出什麼。

幾個月後，萊恩在某次療程的一開始就宣布：「好了，妳想聽一個真實的中年故事嗎？我要說了。我老婆的大學死黨芭芭拉最近來我家。妳知道我是在家工作的，所以我們跟保母還有孩子一塊吃了幾次午餐，但絕對不是那種趁機搭訕的場面。」芭芭拉是人道主義工作者，年約四十五歲，在世界各地主持危機處理計畫。她沒有小孩，結過幾次婚但沒搞過外遇，個性獨立，熱中自己的理念，但是對自己生活的方式開始有些厭倦。他繼續說：「她也很美麗，我有提過嗎？她的生活和我有天壤之別。我在她身邊，感覺自己像是個步入中年的中產階級。妳或許會說那沒什麼不好啊，但她的腎上腺素深具傳染力，確實觸動我的神經，令我感到興奮，於是我對她開始產生不可思議的迷戀。妳知道我來找你的這段期間是如何持續地談論這種沒有生氣的感覺，我的能量往下掉，身體愈來愈沉重，就像當我找到感情歸宿後，機器卻罷工一樣。結果她的能量竟然把我喚醒，我想親她，我還真怕自己付諸實行，卻又裹足不前。我覺得自己像個傻瓜，心裡有種罪惡感，但我又無法停止想她。妳知道我的結婚誓言可不是隨便說說，我愛我老婆，這事與她無關，而是關乎我已經失去且害怕再也拿不回來的熱情。」

萊恩娶克莉絲汀時，就對其他異性絕緣。他離開努力已久卻不見起色的表演事業，從兼差的律師助理轉成全職工作，而後申請到法學院就讀，現在的他替環保組織擔任法律顧問。我聽到他對自己的迷戀感到迷惑，也見到他沉潛的感知逐漸甦醒。我並非不鼓勵萊恩「不成熟」的願望，我也不向他說教，我更不試圖跟他講理，或探索在這像是「青少年」迷戀背後的情感起伏。我只是對他的感受給予正面評價，他正注視一件美麗的事物，對芭芭拉的遐想是他歷經目前生活以外的一種體驗。我同樣對魅惑的吸引力之大感到驚訝，但也明白那不過是幻想。我問他，若是不容許片刻的愉悅危及婚姻，又要如何領略這種感受？

我說：「多美麗卻又多悲哀啊，知道你還能像那樣恢復活力是很棒的，而你也知道自己絕不會把這種陶醉的狀態拿來跟家庭生活比較，因為家是另一回事，家是安全的。你的內心動搖，你喜歡這種感覺，但你也害怕會玩過火。我認為，你大概不允許妻子引起你內在類似的激動。進化人類學家海倫．費雪（Helen Fisher）解釋，從新陳代謝的角度來說，色欲的代價是昂貴的，當一個人接受了「孩子」這個進化的懲罰，便很難繼續保有色欲，你的心力會全部放在日常生活無止盡的需求上，導致錯過你們夫妻之間的充電機會。

在下一次療程中，萊恩相當清楚他想從哪裡談起。那個禮拜之初，克莉絲汀和芭芭拉計畫一同外出吃晚餐，一如往常，克莉絲汀對於不邀請萊恩出門覺得過意不去，於是邀他一塊前往。結果，她整個晚上對他視若無睹，他不介意坐在後座，觀賞兩位女生敘舊。大學畢業後，她們跟著和平工作團（Peace Corps）在多哥（Togo）待了一年，最後克莉絲汀回家，而芭芭拉沒有。如同兩人往常對話一樣，她們彼此述說有多嫉妒、多羨慕對方的生活。

萊恩說：「我們才剛乾掉一大瓶澳洲設拉子酒，三個人都喝得滿醉的。當克莉絲汀對芭芭拉說：『我看著妳，真不曉得究竟值不值得。老實說，我覺得我天生不是養育孩子、買房子、努力工作的料。有時我真不曉得這麼做，是不是只為了證明自己辦得到。』當我聽到她這麼說，著實嚇了一大跳。她接著說：『我覺得這一切真讓人受不了。』」萊恩用茫然的聲音重複這些話，好像他到現在還難以置信。

在我的鼓勵下，萊恩娓娓道出妻子當晚其他的言論，說她覺得自己總是依照別人的期待，又說這樣比自己搞清楚來得容易。當他維妙維肖地模仿妻子，語氣中充滿嘲弄與佩服：「她說：『我知道當一個人擁有一切時，是沒有權利抱怨的。我那感恩的心情到哪兒去了？我滿幸運的，有孩子、老公、一份像樣的工作和一群好朋友。沒有家庭與婚姻的時候，就會把它想得很浪漫，一旦擁有，卻又有被困住的感覺。我有極度幸福的時刻，但我多半陷在乏味又單調的工作中。』」

萊恩說他當時沒說什麼，但內心很震撼，他告訴我：「我怎麼曉得她是那麼想的？在我看來，她總是開開心心。我以為她得到她想要的，我以為只有我忙到沒時間喘口氣。」

萊恩被分成兩半，一方面，他氣她達不到他的期待，另一方面又等不及想知道她會怎麼說他。「她在我的心目中好比一塊石頭，我則是一灘軟泥。我必須費好大力氣成為我以為她要我成為的樣子，一起創造這樣的人生。結果現在我好像被擺了一道，如果她覺得被困住，陷在乏味又單調的工作裡，那我算什麼？」

「你需要她認同你的努力嗎？」我問。

「我想是吧。某方面來說，她的懷疑讓我的努力顯得毫無價值，但這麼一來怪事就發生了。」他頓了一下，接著又說：「我竟然開始喜歡起這樣的感覺了。」

「願聞其詳。」我說。

「就好像我的世界完全反轉了一樣。當時我沒辦法打斷她，但如果只有我們兩個人的話，我大概就會那麼做。這倒不是因為她竟然說了這種話，而是她引起了我的好奇。她的感覺就跟我一模一樣，她把我不敢說的話通通說出來了。她想要更多，也很飢渴；她想念她的自由，對我愈來愈感興趣。那天的酒確實打開了她的話匣子。」

「她還說了什麼？」我也好奇起來。萊恩的戲癮就是無法抗拒扮演克莉絲汀的角色。

「她訴說：『我覺得我們被困在一起了，有時我會幻想過別種人生，遇到別的男人。倒沒有特定哪個男人，我只是想像改頭換面，無牽無掛，沒有過去，沒有問題，找到一個可以用另一種面目在一起的某人。我恨死被困在這間屋子、這個家、這個身體，我只想說：別管我，滾遠點！』」

他又一次模仿她的聲音。

萊恩將當晚的意外控訴全部說出。「一開始我有些震驚，之後想辯護，然後是生氣。但是說也奇怪，她愈是說個沒完，我反而愈想要她。她像著了火似的，一開始我覺得，拜託，別再潑婦罵街了。但接著我就開始被她迷惑，我不僅認同她，而且以一種奇怪的方式，感覺與她更親近，她激起我長久以來不曾有過的欲望，讓我對芭芭拉的幻想就此消失。而我也知道，如果我娶的是芭芭拉，渴求的對象將會是克莉絲汀。」

「你不必刻意努力就得到了這樣的體驗。我無法讓你知道，產生類似結果的機會有多重要。」我向他解釋，他重新恢復的欲望，來自於她再度伸張自己的相異性和夢想。當她說出得不到回報的渴求時，等於容許萊恩也說出他的渴求。

有時候，上述一切會成為高度不切實際的情況。相同的情節遇到截然不同的夫妻時，可能會激起被遺棄的恐懼，搞不好還會造成世紀大戰。重點是，這種事誰都無法計畫，欲望是個難解的謎，不會乖巧聽話，而且是強迫不來的。

那天晚上，萊恩接受克莉絲汀，她的坦誠讓他再度發現了她，更重要的是他再次選擇她，這其中涉及的自由，能讓關係生生不息。

克莉絲汀刻意激怒萊恩，硬是把萊恩從他固定的位置給逼了出來。她聲張自己的主體性，結果反而使兩人更親密。欲望從矛盾中竄出，體認婚姻生活的局限反而在兩人之間產生聯結，換言之，承認彼此的差異，反而讓兩人更親近。

沒有一種方法可以幫這對夫妻建立一套制度，或是為他們量身打造婚姻的策略，確保他們會再一次或持續擁有這樣的體驗。身為治療師的我，自承沒有能力設定某種程式，協助他們延續新發現的熱情。然而，即使我無法將它變成一種功課或練習，他們已經認識截然不同的現實狀況。我希望那能改變他們看待自己與彼此的方式。

換一個對象，也不能解決你的內在問題

維持歷久不衰的欲望之所以困難，是因為它需要調和「自由」與「承諾」這兩股相反的力量。所以說，這不僅是心理學或現實問題，也是制度問題，使得它變得更難達成。它被歸類到存在的兩難，解不開也躲不掉。諷刺的是，即便在講求務實和效能的企業界，也體認到某些問題沒有明確的解決之道。

我們在每個制度中都發現相同的兩極現象，包括穩定與改變、激情和理性、個人利益與集體福祉、行動與反省等。這些張力存在於個人、伴侶和大型組織中，他們表現出的動態關係，正是現實的部分本質。領導學專家貝瑞．強森（Barry Johnson）著有《對立管理：辨識並管理無解的問題》（*Polarity Management：Identifying and Managing Unsolvable Problems*），他形容兩極對立是好幾組相互依存的存在，全屬於同一個本體。也就是說，你無法選擇其一，因為整套制度需要兩者同時存在，才能存活。

以班為例。他每半年換一位女友，每次都確信找到「真命天女」。但是，當濃情稍稍轉淡，他就會感到驚慌失措而舉白旗投降，心想：「從這裡開始走下坡了，我想這畢竟不是愛。」他開

口閉口說自己想要穩定的關係，想要許諾終身，已經準備好娶妻生子，但是他對性倦怠的忍受度卻等於零。在班的經驗中，承諾和刺激互相排斥。

然而在他的幻想中，有個無所不能的女性讓一切成為可能。她那令人心醉神迷的力量，確保性的活力可以永遠維持，這是持久的愛再清楚不過的象徵。她會是如此不尋常、如此令人讚嘆的女性，她的完美無瑕誘使他想就此安定下來（彷彿一切與他無關似的）。永遠不變的是，這種女性可遇而不可求，而這正是她最吸引人的特性。多年來，他老說著同一件事：「我就是還沒找到適合的對象嘛。我認識很多女性，但就是沒有適合和我共度一生的人，我請朋友幫我做媒，他們也找不到好對象。」班長期尋找理想對象，當然，他已經找了好一陣子，但一開始覺得理想的女性，到頭來都只是有瑕疵的凡人。

每回邂逅，班一開始總是意亂情迷，感受到內心的動盪不安。一如往常的是，等興頭一過，他心中的鬼魅再度出現，此時就連最美麗的公主，也無法將他從自身與愛情的挑戰中解救出來。無論她有多出色，也無法避免日久生厭，以及隨時間而來的覺醒。每次關係失敗後，他就掉入帕茲所謂的「強烈色欲的沼澤」中，也就是我們一般所說的性飢渴。多次的邂逅使他在夜晚享受如奧運盛況般的愉悅，但到了第二天早晨卻只有隻字片語的交談。所以，他往往很快就感到空虛，又會再度幻想和穩定的伴侶心心相繫。在幾個月膚淺的性關係後，他在接近新的征服對象時卻依舊驚慌。班每次戀愛，熱情都會一下子從零上升到一百。換言之，他不懂得按部就班，不知道適可而止。他想將對方據為己有，而且不光只在性的方面。

像班這樣的人，很容易就會因為極端的反應而遭人非議，不過他的確也是受人矚目的談話主題。人們會用混合憐憫（主要是女性）和嫉妒（主要是男性）的方式來談論班的八卦，許多人悶不吭聲或者用比較低調的方式感受這種衝突，而班就是個活生生的版本。

瞭解班在愛情關係的特質後，我不太願意建議一些具體的行動，使他重燃性衝動。班是那種聽不進忠告的人，務實的解決之道對他起不了作用，因為他的左右為難與其說需要拯救，倒不如說是需要承認。

有了這層認知，於是我借用貝瑞．強森的練習，我告訴班：「我要你吸一大口氣，盡可能憋住不要呼氣。」新鮮的氧氣無可避免將成為令人窒息的二氧化碳，迫使他不得不吐出來，剛開始呼氣時感覺還滿不錯的，但才過一下子他又開始渴求氧氣。於是我解釋：「你無法選擇吸氣或呼氣，因為你兩者都需要。親密跟激情也是如此。你能不能約束自己，不去察覺其中一個極端？你在不同時候會想到安全和冒險，但你無法同時擁有。你能接受嗎？這不是非此即彼的情況，而是你從兩者都獲得好處，並體認兩者的限制，這就像潮起潮落一樣。」安全和冒險之間的張力是需要處理的矛盾，而不是要解決的問題，這是個謎。愛與欲是兩股規律但不協調的力量，總是處在不斷變動的狀態，總在尋找平衡點。

過去八個月來，班一直在和艾達兒交往，這對他來說可是破了紀錄。這回情況不同，他說：「我想我是愛上這女人了，她把我套住了，我這個人對芝麻蒜皮的事都能發火，妳知道我會變成怎樣，可她卻完全沒反應。倒不是她不在意或故意不回應，但她就是不會跳進去跟我一起抓狂。她滿沉穩的，妳也知道嘛，我什麼都好，就是沉不住氣，所以我覺得這種關係可以繼續下去，我喜歡跟她在一起，況且性生活又挺精采的……」

「我在等你說『但是……』」我告訴他。

「但是，我真的感覺到有東西正在改變。我變得緊張、不安，我是真的不想把關係搞砸。老天，我已經四十三歲了耶，我想要有孩子，但我又怕不能從一而終。」

我從沒見過艾達兒，不過她應付班的方式卻讓我感到樂觀。班自己不知道，他對親密的恐懼有著固定足跡，以往的女友巴不得趕緊被他併吞，但艾達兒卻是個有主見的女孩，她似乎具備真正的自我認知，是獨立於他存在的。即使交往八個月，她對私生活依舊守口如瓶。她流露恬靜的特質，一種穩重、敏銳的智慧。她在小兒腫瘤科擔任護士，每天都目睹與死神拔河的場景。班逗她開心，為她的世界帶來光亮，他對生命的渴望為她增添活力，他那旺盛的性欲著實可喜，她喜歡這種對比。

班將整個羅曼史帶進他的困境中，而他要應付的還不只這些。但是，在安全和刺激之間找到平衡點，並非全然是他的私人問題，而是現代愛情理想的挑戰。有了這層認知，我們檢視性對班的意義。

人們大多藉由憂鬱、默認或嚴重的不安情緒，為激情的凋謝感到痛惜。然而維持情欲的活力，卻不能成為生活的指導原則。班的情形不同，他在性之中發現自己最有活力的一面。性有再生的力量，讓他帶著充實又煥然一新的心情回到現實世界。做愛給予他心心相印和備受關愛的感覺，那是在其他地方所得不到的。他變得脆弱又專橫，既被人看透一切，卻又信心滿滿。他的腦袋轉個不停，受制於純然的性衝動，使他多半處在高速檔狀態，亂了方寸。然而，在經營自己的快遞公司時，他的過動卻發揮很大功效。對班來說，性是首要的管制經驗，鎮壓住他狂躁的精力，也就是完全解放後的極度緊張。他在達到極樂的癲狂狀態時感到最平靜，那是他和世界達到完美和諧的時刻。若是說艾達兒喜歡性愛，班則是需要性愛，性是他生命的支柱，除去它的話，他會以為自己快死了。難怪只要一想到性生活走下坡，就令他慌了陣腳。

行動派的班是傑出的現代男性，也因此當他對性產生不安時，典型的反應就是結束關係，重出江湖，找個人在床上火辣辣一番，接著展開一段新關係，希望這段關係接種過預防情欲消逝的疫苗。我向班指出，採取行動不見得是最好的作法，這點跟一般人的想法相反。

我說：「該做的第一件事，不是對你的驚恐立即反應，拒艾達兒於千里之外，以擺脫焦慮。性交減少不必然意謂愛情變少。」我為他被激起的焦慮提供一個安全的管道，鼓勵他把欲望的矛盾好好想過一遍，而不是用無意識的舉動來發洩。於是，班被迫跳脫舊有的思維模式。我要他承認自己的兩難，並且用憐憫和清醒的頭腦觀察，解決衝突與消除衝突是不同的。在體認與管理之中，存在著欲望的倖存物。

對班而言，用性行為發洩是治標不治本，只是暫時緩解焦慮，容許他逃避更艱難的問題，例如要怎麼做，才會在同一段關係中感到既興奮又安心？為什麼在他心裡，愛和承諾要把愉快、玩要排除在外？如何在親密關係中仍保有自由自在的感覺？

我重新詮釋班的焦慮，指出這種焦慮可以充當早期警告系統。「以前你對焦慮的反應是拔腿就跑，現在我希望你把焦慮想成一種工具，焦慮是你的盟友，代表你需要冒點風險。當你開始感到如坐針氈，就該來點不一樣的事，而不是想著要有不一樣的對象。」

療程結束前，我引述《正念瑜珈》（*Mindfulness Yoga*）作者法蘭克．裘德．巴奇歐（Frank Jude Boccio）的話：「我們一面在崎嶇的路面走，一面抱怨自己的難處，我們詛咒地上每塊尖銳的石頭，直到我們成熟到某個程度，終於低頭看到路面上都是鑽石。」

我們生活在效率至上、控制就是力量的時代，結果勝過過程，風險被用數學公式精密計算。在我們承諾過多的生活中，有個誘惑要我們簡化與存在有關的複雜事物，我們就是沒有時間和耐性來從事開放式的省思，反而偏好透過主動出擊，再次確認自己大權在握。

在我的執業過程中，遇過好幾對伴侶抱怨一成不變的生活讓他們麻木，但是當我們不斷投注時間精力，尋找務實的方式來解決「為做而做」的問題，這將導致「規律」的結果（而且比例還不小）。我們必須承受自己愈來愈平淡無味的風險，然而這正也是我們努力不陷入的狀況。情欲挑戰我們尋求另一種解答，向未知和無法掌握的事物投降，並突破理性世界的局限。

沒有罪惡的性，就像沒放鹽巴的蛋。

——路易斯・布紐爾（Luis Buñuel）

第六章

性是骯髒的想法：

當清教徒思想碰上享樂主義

為什麼那麼多伴侶距離情欲如此遙遠？

許多因素導致興奮感消退，其中又以壓力最為常見。

「我一坐下，就看到一堆衣服要摺，一堆信要看，一堆玩具等著我去收拾，讓我性欲全消。」

「新的工作、年邁的父母，加上年幼的子女，我簡直焦頭爛額。我本來對性就不怎麼熱中，但現在連一點『性趣』都沒了。這可不是針對誰而來。」

當伴侶以現代生活的真實壓力來解釋浪漫遠去的原因，我卻表示原因可能不只如此。畢竟早在他們相遇前，生活中早就存在壓力，但他們卻沒有因此躲開彼此的懷抱。

在下一個層次的辯論當中，他們又搬出更深層的感情問題，例如兩人世界不是吵得死去活來，就是相敬如賓、缺乏信賴，長期處於失望、相互責怪的循環。

「上床？不會吧，在你對我說了那些鬼話以後，你還想上床？」

「你上回表現有『性趣』的樣子，是什麼時候的事啦？」

「難不成你以為，只要花那麼一點力氣，就可以讓自己變得有魅力？」

「我要你把那個鬼電視關掉，它讓我覺得自己像一塊死豬肉。」

儘管說了一連串表示不再迷戀對方的話，但我相信欲望的消退，其實還有一個層面和文化對性的深層矛盾心態有關。也就是說，雖然我們認知性的重要，卻在過度放任和緊迫盯人的兩極間搖擺不定。

「要到結了婚才能做。」

「想做就做吧。」

「性沒啥大不了的。」

「這可是非同小可。」

「你需要愛。」

「這跟愛有何關係？」

這是用「全有或全無」的方式看待性。色情網站在網際網路上氾濫，然而我們卻還在辯論學校要不要提供性教育課程。如果要，應該稱它為「性教育」？還是選擇表達比較含蓄的「健康教育」？

儘管生活在性自由最開放的美國，但從清教徒的時代以來，監控性欲的作法至今仍未稍減，州政府的干預讓某一群人鬆了口氣，但卻又讓另一群人飽受恐懼。我們從恐懼做為出發點，宣傳對飲食享樂的節制，用彈劾來威脅做錯事的政治人物，與同志婚姻對抗，攻擊墮胎法律。雖說維持處女之身是舊時代的老調，但我們的民選公職人員，卻每天頂著道貌岸然的嘴臉進行性的立法。

三十多年來，墮胎、同性戀、通姦和家庭價值，一直是熱門的全國政治議題，性的保守主義思想根植於清教徒傳統中，它對享樂抱持高度懷疑，並以道德家的態度看待所有偏離異性戀的一夫一妻，以及在婚後為傳宗接代而從事的性行為。

在此同時，電視製作人邀請擁有超過一百位性伴侶的人參加call-in節目，性從不曾像這樣被公開展示，視線所及盡是一堆腥羶色的圖象。以往，「性」不曾出現在廣告中，但它本身也已經成為商品，只要隨便收看哪個白天的脫口秀節目，就會聽到以下的內容：母親跟女兒的男友上床、喜歡觀看他人做愛的男人、已為人妻的妓女向不疑有他的丈夫們告白。

性無所不在，用各種方式排列組合，所以莉麗安．魯賓（Lillian Rubin）這樣形容：「色情、性無能、婚前性行為、已婚夫妻的性行為、婚外性行為、集體性行為、交換伴侶、性虐待和其他各式各樣製作人想得到的性行為，都可以被公開討論，不管正常或怪異。」

性政治學和性經濟學，每天以截然不同的姿態滲透進美國人的臥室，巧妙地潛入親密關係之中。我見到的伴侶，生活在既愛且恨的交叉口，被迫穿越各種互相競爭的價值系統。清教徒思想的傳承，使人把家庭擺在社會的核心地位，期待婚姻冷靜、合乎理性且具有生產力。你鎮日工作、儲蓄並計畫生活，你嚴肅看待自己的承諾，但伴隨個人責任和中庸之道的美國概念，同樣也代表美國人的個人自由概念。

無論對生活、自由以及幸福的追求，我們都信仰個人成就，我們享受自由，自發地滿足欲望。我們生活在市場導向的消費者經濟體中，確保欲望永無止境。性的文化告訴我們何者具有魅力，什麼是我們應該渴望的（彷彿我們沒能力發現自己渴望誰，或是什麼能令我們情欲高漲）。整個享樂主義的產業在婚姻的邊陲地帶盤旋，不斷提醒我們做各種犧牲，以換回婚姻中日漸微弱的性欲。

現代人的感情，能不能堅固到足以承受無限愉悅的誘人因素？

當我們不斷被訓誡要汰舊換新，當性感的形象永遠描繪著年輕美麗（你是唯一會變老的），當網交迎合你最古怪的突發奇想，我們是否能合理期待自己，面對同一個人五十年而不感到厭倦？此事尚無定論。

現代人被承諾獲得立即滿足，一切鼓勵你去追求，以及被准許擁有，但每個人都可以，就你不行。清教思想和享樂主義「強碰」。

性是汙穢的

我們可別笨到以為這種飽和的狀態反映出開明的性態度。公然推銷性形象也許是過度的而非進步，但它的根源是市場的利益和自由，而不是思想的自由。與其說打開你的心靈，不如說打開你的荷包。

或許這就是為什麼「山上的城」（city upon a hill）[9]的基本道德觀，依舊沒有被螢幕上所有快速閃動的圖象所玷汙。

換言之，「性是汙穢的」中心思想，仍然沒有受到任何挑戰。內心深處對性的不自在，以我們對青少年性行為的處理方式最明顯。為數不少的美國人相信，只要限制避孕藥的取得並加強性教育，就可以讓青少年遠離肉體誘惑。諸如以「不是我，不是現在」（Not Me, Not Now）為口號的運動，鼓勵用禁欲的方式來避免青少年懷孕和罹患性病。美國的公共衛生政策主張青少年性行為是應該避免的脫序行為。無論媒體看似多麼崇尚自由，眾多美國人仍將「性行為」視為高度危險的行為，是個風險因子。

相較之下，歐洲人把青少年的性行為，視為邁向健康成人性行為的正常發展階段。

性不是問題，無法對性負責才是。因此歐洲人對於「不是我，不是現在」的口號提出反制，他們提倡「安全的性或者無性」。

此外，值得注意的是，歐洲青少年第一次發生性行為的平均年齡，比美國青少年晚兩年，而青少年生孩子的比例，卻比美國青少年少了八倍之多。如此明顯反對青少年性行為的美國社會，怎麼會製造出如此令人難堪的統計數字？

充滿禁忌的性與「寧濫毋缺」的性，以令人困擾的方式結合，兩者引領我們從精神的角度，與性的實際行為分開。但是，把性視為骯髒事物的社會無法徹底驅離性，類似的焦慮氣氛反而會以更極端的模式助長罪惡和羞恥，或者對於更普遍存在的情感表達方式感到渾身不自在。性脫離了情感與社會的緊密聯繫，被遺漏的是一個整體的自由觀念，亦即在人際交往中獲得喜悅。

我不光談論深層的愛，我談的也是對另一個人的基本關懷與感激。

9 山上的城：通常是指約翰•溫斯羅普（John Winthrop）於一六三〇年在一次著名的布道「基督徒慈善的典範」（A Model of Christian Charity）中提到的一個慣用語。提醒在新英格蘭建立麻薩諸塞灣殖民地的清教徒殖民者，他們的新社區將成為一座「山上的城」，如果清教徒沒有維護他們與上帝的約定，將受到神的審判。這次講道使得人們普遍相信美國的民間傳說，說美國是神的國家，這是美國例外論的早期例子。「山上的城」已成為美國政客的流行語。

排斥脆弱和依賴

拉圖二十二歲，在長春藤名校就讀。她是醫師與程式設計師之女，父母都是印度移民，歷經多年辛苦總算熬出頭。拉圖有十二年的時間，在紐約市競爭激烈的公立學校度過，她現在希望追隨母親的腳步成為醫生。我在一位朋友的告別派對中認識拉圖的母親，當我將新書的主題告訴她時，她慫恿我去訪談她女兒，她說：「你猜我從女兒那兒聽到什麼？簡直不可思議。實在冷酷啊，這些小孩對待彼此的方式。妳應該跟她談談，我怎麼想都想不通。」

我知道我非見拉圖不可，於是就去找她。她聰明又善於表達，簡直可以充當X或Y或某個字母世代的代言人。她對於校園內有關性愛的情況，做了令人大開眼界的描繪：

「其實我們沒時間約會，所以最快的方法就是禮拜五或禮拜六晚上去『釣異性』，若不是參加某個派對，就是去酒吧。每個人喝到醉茫茫，然後開始配對，禮拜一一切結束，之後大家在午餐時間交換心得。『釣異性』算是廣義的名詞，鬼混、口交到性交都是。

「大學生的理想關係就是成為『各取所需的朋友』。妳有一位親近的男性友人，跟他在一起會很有趣，也有很多性方面的張力。一開始是某個晚上，你們兩個都醉了，然後在酒吧或某個地方不期而遇，你們一起回家，然後做愛（爽不爽無所謂），之後假裝一切都沒發生過。第二個禮拜再跟同一個人做一次，就這麼持續下去，直到妳覺得沒必要找藉口外出而後喝醉酒為止。當妳想跟人勾搭或是無聊的時候，打通電話就能搞定。

「重點來了，當其中一方比對方愈來愈認真時，此時就要進行彆扭的對話了，要確立基本規則：兩個人在一起只是各取所需，不多也不少。如果他不同意就掰掰，然後再找另一位朋友。我們很努力地避免讓感情變成阻礙。」拉圖說話的樣子，沒有絲毫諷刺的意味。

拉圖的描述令我感興趣的是，整件事完全沒有高低起伏，沒有起承轉合。事實上，這個故事根本沒有內容可言，性愛和其發生之前的故事，完全是兩回事。拉圖進一步解釋：「我們有刻意把感情與性愛分開的企圖，男孩跟女孩一方面談愛，另一方面談性，好像兩者毫無關聯似的。」她頓了一下，「不過，我猜有很多姊妹淘寧可談感情，無論她們想不想承認。」

我完全無意藐視這種隨意配對或為娛樂而性交的自由陳述。情欲的邂逅跨越人際的強度，而不會被抽離出去。但是這種型態的性活動，與其說是表現解放，不如說是用誇張的方式表現最底層的焦慮。令我驚訝的是，拉圖完全同意這個想法，她說：「飲酒和做愛當然是在一起的，都是我們自知不該做的事。」

我一路聽，不禁納悶起這門嶄新的性社會學，在互許終身的關係中究竟如何體現，我問她：

「愛情跟婚姻呢？這兩件事曾經被提起過嗎？」

「我們把承諾看成終身監禁，我尤其瞭解許多男性朋友認為承諾是個有點恐怖的想法。他們無法想像跟同一位性伴侶在一起超過一星期，更別說是十年了。」接著拉圖更嚴肅地說，「女人就不同了，她們明白這當中的吸引力。有些人真的想跟一個人相守一生，雖然很多人都有典型的男性恐懼症，認為一夫一妻制是個限制，而許諾終身意謂犧牲自己的目標與抱負，是無法掌控而且可能失敗的事，這是我們目前的想法。感情讓人失去獨立性，當容許另一個人進入內心，自己的空間就變小了。」

「所以，兩人關係代表妳失去什麼，而不是妳獲得什麼？」我問。

「沒錯。」

「那浪漫呢？」

「哈，高中才沒那種東西呢。大學裡是有幾對情侶恩愛到近乎詭異，一副已經結婚的樣子。」

拉圖對感情的描述引起我的興趣。對我來說，兩人在一起（或至少是對浪漫的夢想）似乎能擴大我們的世界，能一起發現很多事。至少，我在拉圖這個年齡時是如此確信著。但拉圖怎麼會這樣呢？

或許是因為她們在欣然接受文化上對自食其力的訓誡後，對感情有些憂慮。她告訴我：「如果把愛加到性裡面，會讓自己變得極端脆弱。我認為，『缺乏信賴』或許是我這個世代的問題核心。我們被教導要靠自己，不可以依賴他人。」鑑於現代婚姻的不牢靠，這可能是個不浪漫但卻相當明智的態度。兩性平權被迫用最諷刺的方式表現，也就是說，現代男女都有權恐懼將自己許諾給別人。他們寧可從事危險的性行為，也不要承受真心所帶來的風險。

想對一個對未來不感興趣的人做出預測，大概是最徒勞無功的事。但我有時無法抗拒，於是大膽地對拉圖說出我的見解：「妳讓我以為，也許這就是為什麼我見過那麼多對伴侶，難以和心愛另一半有火辣性愛的原因，不光妳這一代如此，整個文化打從根本就對脆弱和依賴相當不自在，但美好的肌膚之親卻同時需要這兩者。」

「大概吧，但是，誰說性生活圓滿就必須親密？如果『圓滿』指的是把我往牆上扔，然後霸王硬上弓，在一早我還沒醒來之前就落跑，這樣還稱作圓滿嗎？我愛的是那種自發性，及伴隨自發性而來的刺激，我可以擁有多重伴侶和夢中情人，沒有任何麻煩，因為在吃過第二天的早午餐後，彼此說掰掰，相處的時間還沒有長到會看見彼此的缺點。我有段時間對那種刺激上了癮，但我也體認到這一切多麼膚淺，想跟人建立比較深度的關係。我交過男友而且感覺很好，雖然到後來有點無聊。我希望能在某處找到健康的平衡點，如果我還沒把自己寵壞，以至於無法對長期關係感到滿足的話。」拉圖說。

這些冒險行為絕不是自由戀愛的結論，而用來掩飾根本的不安。

我不知道類似「上了就跑」的性愛，到哪種程度其實就是在抵抗對性的不自在，而且採用的方式與用一堆禁忌來避免、抵禦滿像的。這像一體兩面，相同的焦慮、不同的反應。

他們喝得酩酊大醉，做愛，然後假裝什麼都沒發生過。這是身到而心未到，事情就這麼發生，沒有人需要認帳。

或許這些偽裝的浪蕩子在禮拜六晚上的風流行徑，不像我們以為的那麼脫離清教徒遺風。他們偷偷摸摸地邂逅，不全是為了頌揚肉體愉悅，如果他們對性的渴望，與道德沒有那麼一絲絲的不協調，或許就不需要為了獲得性，而被迫接受某些思想。如果他們對性的態度比較自在，就會置身在性的核心，而且會想記住它。

對拉圖來說，只要她夠勤快地更換伴侶，自發行動的刺激感就不會消失。但是，當她獨處時又如何呢？

我再也沒見到拉圖，但是很多來找我的人都讓我想起她。他們把婚前和婚後的性，視為截然不同的行為。婚前的性愛照說不能幫你對許諾終身的性愛做好準備，那時的性生活被視為性生活走下坡的迴光反照。

性到底有多重要？

唯有對身體的愉悅抱持輕鬆、寬容和無牽無掛的態度，才能對情欲的應有權益抱持健康的觀念，而這也是清教徒文化不斷努力克服的重點。

我在每天的執業過程中，親眼目睹這種矛盾心理的附帶結果。我和伴侶們合作時多半會提到：環繞在性欲周遭的羞恥和焦慮，會讓他們想從愛人那裡抽身，原因是擔心遭到評斷和拒絕。我則給予許可，降低伴侶們的焦慮，將幻想和欲望正常化，並挑戰不良身體形象的曲解。我們一起挖掘祕密，討論他們幼年時如何形成性觀念，並且與阻礙性欲表達的文化和家族，進行正面衝突。治療藉由擺脫情感的禁令，鼓勵追求肉體渴望，並擴大性生活的邊界。夫妻要學會慢慢來，一步步突破。

認識瑪麗亞時，她正處在心碎的收尾階段。她跟一位西岸的男士交往了兩年，以為這回終於要步入禮堂了，沒想到美夢竟然破滅。朋友認為她該是時候認識一個好男人、一個正人君子了，繡花枕頭都閃邊去。（繡花枕頭是指成功女性尋找的花瓶男性。）

這群朋友辦了一場晚宴派對，用品味做為第一次約會的掩飾，結果奏效。對瑪麗亞來說，和尼可約會等於是對愛情的藝術進行二度教育，在無後顧之憂的情況下慢慢展現自己。她對他有好感，卻沒有墜入情網。

但是認識他一年後，她來到我的辦公室，問我：「性到底有多重要啊？我老是拿不定主意。我知道人生不能建立在激情上，我嘗試那麼做過。以前我祖母說：『妳要靠什麼為生呢，是愛情嗎？哈！妳要學的還多的咧。』我媽也好不到哪裡去，她的臺詞是：『小寶貝，激情注定沒戲唱的，聽我的話，妳要的是一個可以一同生活的人。一個跟妳擁有相同價值觀的人。還有啊，錢不嫌多嘛。』

「我愛尼可，我從來沒有感覺這麼安全，可以這麼信賴一個人。經過這些年，交往過的討厭鬼太多，我終於可以自在地思考生命的其他事情。可是我不知道耶，我覺得我們在性方面並不怎麼契合。這是個問題，是嗎？每個人都說，無論一開始怎麼翻雲覆雨，性終究會隨時間淡去。性究竟有多重要？」

「不如妳告訴我吧。」我慫恿她。

「妳知道我怎麼跟自己說？『女孩啊，妳也享樂過了，該是時候長大了，他是個條件不錯的男人，把過去忘了吧。』」

在瑪麗亞問我性有多重要這個問題之後三年，她又回來了。顯然，她還沒找到答案。一開始，結婚帶來的安全感與興奮占據她的心，所以她不必處理在性方面的遲鈍反應。她希望問題能不藥而癒，有一天路障被清除，每件事情都能各就各位。至於尼可，他則是個耐心十足的男人，他不強求，即使他對死氣沉沉的性生活顯然也不太滿意。

不強求解決這問題，正是尼可搶先一步拒絕的作法。在我們的療程中，瑪麗亞對性總露出避之唯恐不及的態度，有好幾次她直接提起性這個話題，但總是在會談即將結束、已經沒多少時間討論的時候。有一個禮拜，我決定繼續踩油門，加快對話的速度。

「性很困難，不是嗎？」我問她。

「妳的意思是指什麼？很難談論，還是很難做？」她用問題回答我的問題。

「很難擁有。」我回答。

「對我來說，做比談容易。」

「跟尼可也是嗎？」

「跟尼可的話，不做要比談論來得容易。」

「說來聽聽。」

「性很讓人費力。有很多時候我並不想要性，這點說來有點奇怪，因為我總以為自己性欲旺盛。我讀到有關欲望低落的女性報導，而我並不認同，即使聽起挺像最近的我。」

「跟別的男人會比較容易嗎？」

「天哪，不是這樣的。但過去的我從不需要談論它，從來不必為性的事操心，它要嘛就是自然發生，雙方一拍即合；要不，反正關係不會長久，所以幹嘛多此一舉？現在我跟我愛的男人結婚了，我認為他是美好的，他待我如女王，而我卻不想跟他發生性關係。當我一天天拒絕他時，他變得有些挫折。我對性的冷漠也令我不快樂，總愛想像我懷了我們的女兒，但老實說是因為這樣才找到藉口能鬆一口氣，可以從『我懷孕了』變成『我才生寶寶』，再變成『我正在哺乳』，最後變成『我需要睡眠』。說真的，就如妳所知，『性』從一開始就是問題了。」

「可不可以乾脆一頭栽進去呢？」

「我已經厭倦逃避，厭倦等待某件事改變。我不能把尼可換成某位新名模，我得跟他走下去，不然我就會枯萎。」

瑪麗亞生長在勞動階級的家庭，是警察和代課老師之女。宗教是家庭的重心，初高中讀的都是清一色女生的天主教學校。「我們家從不談性。我祖母有十個孩子，卻從不知道女人還能擁有性高潮。妳能想像嗎？我從三歲後就再沒見過母親赤裸身體，從沒見過我爸裸體。我是五個孩子的老么，每個人都有自己的叛逆方式，只是我的哥哥們從來不必面對女生專屬的禁令罷了。」

瑪麗亞讓美國性文化中普遍的「全有或全無」、「撐死或餓死」更容易被理解。她告訴我：「我十七歲那年失去童貞，對天主教的女孩來說，一旦跟某人上了床，乾脆跟全鎮男人都上床算了。說老實話，我們多半是這樣。我知道聽起來很老古板，但我成長的地方的確是這樣。斯塔頓島（Staten Island）好比是專為瀕臨絕種的天主教徒設置的生態保育區，訊息很清楚：性是罪惡，除非你已婚。」

「的確，就像有句古老諺語所說：『性是骯髒的，留給妳愛的人。』」我說。

瑪麗亞搬出去住，進了大學，成了選角經紀人，生活在一個與童年完全不同的世界。然而，所有知性上的擴展，卻沒能成功解除禁令，淫欲依舊是罪惡，尤其對女人而言。儘管二十年來有過多次短暫邂逅、季節性的關係和穩定男友，但殘留在腦海的印象卻頑固地黏著在她的肉體。她雖然擺出一副被解放的樣子，卻不必然意謂解放。她還獨身時，巧妙地避開潛伏在心中對性的不安，當她投入較少感情時，也比較容易無拘無束，可是一旦她選擇家庭生活，過去的一切便開始在耳邊呢喃起來。

「每半年左右，我就會跟尼可提起一次，我會說：『尼可，我們的性生活糟透了，該想想辦法才行。我要你讀這本書。』但是他不想讀，他討厭死這些書了。他會說：『這又不是我一個人的事。我們就找些時間多在一起吧。性是用做的，不是嗎？』這就是他一貫的回答。」

「我以前推薦過書給妳，但聽起來妳是拿書當擋箭牌。為什麼要妳談論自己、做自己的代言人，那麼困難呢？如果妳說：『尼可，我要告訴你關於我的事，包括我對性的想法和感覺，以及在性這方面的我。』那麼會怎樣呢？」

「這對我的情感是難以承受之重，會讓我昏昏欲睡。」瑪麗亞被教導天下沒有白吃的午餐，每件東西都得靠自己的努力掙得，特權是給從不必努力工作的人，然而「不勞而獲」在道德上可能帶有瑕疵。瑪麗亞家規中的信條是：你為了造福家人而犧牲。這使她在性的領域上，尤其不願意毛遂自薦。

我解釋：「開口要求妳想要的東西似乎並不為過，但光是因為想要或喜歡某樣東西而提出要求，這就是自私了。愉悅本身是靠不住的，除非靠自己的力量獲得。它也引發一個問題，就是妳認為妳這個人到底該獲得多少、值得收到多少？情欲是為了愉悅而愉悅，是尼可出於好意的付出。」

瑪麗亞和我一起對自己該受的待遇建立健康的觀念，從一大早她坐下喝咖啡，放著骯髒的廚房不管，埋頭看報紙，然後跟朋友出去，即使這意謂尼可得被迫一連花兩個晚上照顧寶寶。她要暫時脫離「愉悅要事先盡好應盡的義務，才能獲得」的觀念。我們在這公平與論功行賞的複雜制度中，運用計謀以達目的，而在這制度中的每件事都必須達到完美公平，才能中和自利的影響。

瑪麗亞掌握了這個概念。「我認為，我的『低度欲望』主要跟我缺乏性自主權，以及我與愉悅的衝突有關，特別是跟我老公在一起的愉悅。我無法解釋為何向尼可展現情欲的一面，會那麼彆扭，但我確實知道，我不允許自己在家庭中得到太多。」

「是的。對妳而言，家庭是犧牲自我，而不是享福的地方。但是『有權獲得』的正向概念，是情欲建立和諧關係的先決條件。」

唯有當瑪麗亞開始觀看自己如何造成情欲僵局，這時尼可的貢獻才會變得明顯。她問他幾個問題，都是我們在療程中充分討論的，像是：

「性對你的意義是什麼？」

「你的家庭如何看待性？」

「哪些重要的事件，對你的性觀念產生影響？」

「你最想跟我有哪些性的體驗，你最害怕什麼？」

這些問題激起主動且具啟發性的對話，焦點放在可能性而非問題上。

瑪麗亞瞭解對尼可來說，性既是解放也是情感交流，是動人的愛情印記。當她斷然拒絕他時，他有種不被愛的感覺。

尼可不擅言詞，而是用實際行動表達關懷，例如洗碗盤、替她擦鞋、冰箱裡永遠準備巧克力。他確保兩人到週末一定可以安心地出遊（瑪麗亞覺得有點難），不會因為永遠做不完的家事而動彈不得。他不吝於對瑪麗亞和女兒表達愛意，但只要一開始性愛，所有討好的舉動就此停止。儘管他喜歡性愛，但他比較不擅長挑逗。

瑪麗亞說：「他巴不得趕緊來到性愛當中『性』的部分，他知道自己在做什麼，他刻意草草帶過求愛和浪漫，妳知道嘛，就是前戲。到後來我有種被催促的感覺，尼可只要兩分鐘，就可以從看電視轉換到做好性交的準備，而我需要慢慢來。我用我試圖照顧他的典型方式，不希望讓他覺得不舒服，於是我要求自己盡量在很短的時間內產生『性趣』，結果，一敗塗地。」

性在尼可心目中是獨幕劇，對瑪麗亞則是一連串愉悅的不斷展現。而當他們略過情欲的部分，陷入以性交和性高潮為焦點的線性和目標導向，這時問題就出現了。在這種情況下，她會和一個想法鬥爭，這個想法就是「拖延前戲的時間是隱含的自私行為，而且是不知羞恥的貪心」。她缺乏獨有權力和自我肯定的感受，遇上尼可的猴急，使她更認為自己是不值得被關注的。當然，如果她認為他興致很高，她不會擔心自己花太久時間。

但是對尼可而言，慢吞吞引發另一種焦慮，亦即擔心自己表現得不夠好，恐懼不適任。

我建議瑪麗亞和尼可跳脫這種以任務為導向、對共同性高潮有嚴厲要求的性行為績效模型，這種孤注一擲的作法有點正經八百，扼殺了性的樂趣。

我問瑪麗亞：「還記得愛撫嗎？最近一次是什麼時候？」

「好幾年前囉。我記得一開始我們花一整晚愛撫對方，在科尼島（Coney Island）海邊的人行道上舌吻。太棒了。但現在不這麼做了。」

「好啦，這就是啦。」

瑪麗亞和尼可之間的愛恨情仇相當微妙，我遇到的伴侶多半如此。問題永遠不只一個，也不只是單方面的問題。瑪麗亞說她想被誘惑，卻不願見到尼可那麼具誘惑力。

她說：「我身為他老婆，是妨礙我被他吸引的原因。有時我會看著他，好比當他剛洗完澡，或者從健身房回到家，我會想：『哇，他還真火辣呢。』可為什麼我一想到他是我老公，就不再被他吸引了呢？」

我向瑪麗亞解釋，暴露自己的情欲，且在情感上和同一個人親密是件嚇人的事，尤其當妳確信「性」在某方面是可恥的。「妳還沒完全進入你們的關係。事實上，光是費神把這個部分藏起來，就夠讓妳精疲力竭了，難怪妳寧可睡覺也不願意跟丈夫做愛。」

瑪麗亞跟許多人一樣，在成長後學會隱藏自己的綺想和春夢。把我們的愉悅當成祕密藏匿起來，這是性社會化的核心元素。瑪麗亞回想小時候在探索情欲的甜美時刻，被逮個正著的羞恥。母親露出嫌惡的表情，說：「立刻停止。」

就算我們這些夠幸運的人，有一對父母認同性遊戲是件不錯的事，仍然會想起那略帶警告意味的話：「保持私密。」多年來努力隱藏的事物，一旦要公開就變得很難。

果不其然，瑪麗亞拚命地將年輕時被教導壓抑和抵抗的情欲想像，帶進她的感情關係。由於感受到尼可的接受力，於是我鼓勵她承認自己想要的欲望，相信自己值得被溫柔對待。在此同時，我也鼓勵她把全新的好奇心帶給尼可，我說：「把丈夫的角色套在他身上，外加各種居家的生活特質，而後才抱怨他讓妳缺乏欲望。其實他就是以前的他。」

這就是性親密的挑戰，把情欲帶回家的挑戰，是所有親密關係中最令人感到害怕的部分，因為它涵蓋一切，到達我們內心最深處，揭開被羞恥和罪惡包裹的自己。它是嚇人的，一種全新的裸露，遠比看到自己的裸體還暴露。

當我們表達自己的情欲渴望時，要冒著被羞辱和拒絕的風險，而這同樣深具毀滅性。

我曾經目睹一個人的偏好遭到指責，被伴侶貼上過分、脫軌和噁心的標籤時，那種強烈的痛苦。難怪很多人以馬馬虎虎的性生活所帶來的安全感，來保護自己免於類似令人傷心的可能。

從大格局來說，這樣的妥協沒什麼不好，但有一群人渴望自己能以不同的方式被瞭解，他們把自己豁出去，冒險跨過那個門檻。他們興起一股勇氣，要在家中與性的禁令（愉快的性）正面對抗，急著要在情欲的領域完全表達自我，拒絕退縮不前。對他們來說，兩情纏綿一點也不汙穢，反而是神聖的融合，天人合一的境界。

情欲中的親密，揭露我們在性關係中的記憶、願望、恐懼、期待和掙扎。當我們最內在的欲望被揭露，被我們所愛的人接納和認定，這樣的滿足使得羞恥冰消瓦解。這是感受大權在握的深度體驗，也是身、心、靈的自我肯定。

當我們在愛與性兩個層面都不缺席時，也就超越清教徒思想與享樂主義的對抗。

成年人從不為自己瞭解任何事，要孩子恆久持續地向大人解釋事情，滿累人的。

——聖修伯里，《小王子》（Antoine de Saint-Exupéry, *The Little Prince*）

所以，童年就像被遺忘的火，永遠可以在我們內心再一次熾烈地燃燒。

——加斯東・巴謝拉（Gaston Bachelard）

第七章

情欲的藍圖：

告訴我你如何被愛，我就知道你如何做愛

一大堆機構為人們的最大利益把關，宗教、政府、醫療、教育、媒體和通俗文化，全都不辭辛勞地定義並規範性福祉的特徵，那些規範圍繞在肉體奢華感官的誘因和禁律周遭，彷彿是人類至善的基礎。我們多半從街頭、電影、電視和學校開始懂得性為何物，但在此之前，先接觸到家庭。我們是社會的一分子，也是父母的孩子（包括祖父母、繼父母、監護人、養父母，以及任何負責照顧我們童年的人）。最初的照顧者，對我們成年後的愛情將產生最持久的影響。

情欲傾向源自童年經驗

欲望形成的心理，常被埋葬在童年的點點滴滴中，經過不斷挖掘，終於看清楚它的來龍去脈。

我們可以回溯到自己在哪裡學會愛以及如何去愛？我們是否學著體驗愉悅，是否學會信賴他人？父母是否時時體察我們的需要，我們是否被期待體察他們的需要？我們會不會向他們尋求保護，或者從他們身邊逃開以保護自己？我們是否被拒絕？被羞辱？被遺棄？我們是否被嚇止？受驚嚇？被撫慰？我們是否學會別期望太多，學會難過時躲起來，學會與人進行目光接觸？我們在家中感知何時可以爭取、別人何時可能因為我們的強烈興趣而受傷；我們也學會感受自己的身體、性別和性欲；我們學到很多關於成為誰以及該如何做的教訓，像是開放或封閉，唱歌或細語，放聲哭或把眼淚往肚裡吞，放膽或恐懼。

這一切經驗影響我們對自己的信念，以及如何反應他人的期待，是每個男人和女人帶到成人感情生活的部分嫁妝，這個情感成績單有一部分是明顯且具體的，但其中有很大部分不露言表，隱密到連自己都不知道。

我們的性偏好出自於早期生活的恐懼、挑戰和衝突，它們如何影響我們對親近和愉悅的容忍度，是有待挖掘的主題。什麼令你產生性欲？什麼令你『性趣』全消？什麼使你情不自禁？什麼使你冷若冰霜？為什麼？你能忍受與另一半多親近？你能不能和心愛的人共享愉悅？

當史蒂芬的母親遭父親遺棄時，她拾起殘破的家園，專心撫養孩子，發誓再也不讓任何人傷害她。當年的急診室護士，如今擁有自己的房子，也把三個孩子送進大學，史蒂芬對母親萬分崇敬，他這輩子大半時間都在防止自己成為他口中的「那個王八蛋」。史蒂芬與麗塔結婚六年，一直逃避她的主動求愛，並且把她抱怨他在性方面的消極當做耳邊風。在種種藉口背後，史蒂芬對自己缺乏興趣和時有時無的勃起，感到困惑。

他愈敬愛妻子，要「上」她就愈難。在他的心裡，情感的安全感需要不斷地去監控自私或侵犯的意向。這種信念出自他對母親的愛，已經成為他性態度的一部分。他愈愛麗塔、愈仰賴她，他也愈小心謹慎，在性的表現上也愈受局限。他不知道如何盡情體驗色欲，因為他的潛意識忠於過去。

對於二十來歲的零售業經理狄倫來說，要在感情上擁有安全感根本是天方夜譚，無論有沒有性刺激。他十二歲時喪母，而母親是家裡的靈魂人物，當他涕淚縱橫地出現在她的葬禮上，父親對他說：「我希望你不要在我面前崩潰。」為了親近父親，他必須刻意避開所有的感情生活。他的解釋是：「在我們家，各種情感都是弱點的象徵。」

狄倫一對某人動感情，就會帶著憎惡的心情斥責自己，希望控制令人無法忍受的脆弱。那他是怎麼解決的呢？每個禮拜到俱樂部兩次，結交他永遠不會瞭解的男人，更重要的是對方也永遠不會瞭解他。萍水相逢的性不帶任何感情，免於來自童年一再重複的羞辱，又可以體驗被渴望、被許多人選擇的美好悸動。

這種說明欲望非理性的情欲藍圖，其中一個面相在於：來自童年的傷害和挫折往往最能讓我們興奮。性治療師傑克·莫林解釋：「情欲的想像能夠有效地解開、轉變和療癒過往的創傷。」

換句話說，為我們童年帶來最多痛苦經驗的經歷，有時反而會成為年長後愉悅和興奮的最大來源。

來看看瑪琳達的案例。父親是個登徒子，儘管她對母親的絕望頗能感同身受，但她不想像母親一樣心碎、悲慘、悲觀至極。相反地，瑪琳達成了狐狸精，她一心想在男女遊戲中征服男人，愈難上鉤的男人，她愈想得到，一旦到手，對方就頓失魅力。為了再度確認自己的力量，她必須放眼下一個男人，然後是再下一個、再下一個。如果沒有障礙需要清除，她就無從評量自己的價值。幾乎找不到比征服一位大權在握、高高在上的男人更刺激的事了，然而重頭戲卻是在拋棄他的時候，同時也證明她為過去報了仇。

瑪琳達在狠心拋棄這些男人之際，想確認她和母親並不相同，她堅強獨立，總是主動出擊，主動做出選擇，隨自己高興挑選或捨棄愛人。當然，她冷血地除去生命中脆弱的一面，到頭來卻事與願違，落得跟母親一樣孤單、一樣沒人愛的下場。

情欲最重要的媒介是人類的想像，但對許多人來說，性的自我探索卻因為父母傳遞出引起恐懼、罪惡和不信賴的訊息，而受到束縛。原本想保護孩子的行為，反而經常成為成年人性愛的大部分焦慮來源。

伴隨蓮娜成長的，是大家閨秀該有哪些夢想、做哪些事、可以不做哪些事，以及不能接受的規範。她生在保守、信仰虔誠的家庭，身為長女的她，瞭解良家婦女必須遵守婦德的嚴格標準，絕不可以過度激動或者動作粗魯，永遠要把他人的需要放在自己之先。

蓮娜就像母親（以及母親之前幾百年的女性）一樣，藉由付出而非接受，來換取自尊與肯定，希望能對抗愛情的變化無常。然而蓮娜的拘謹有禮，卻是讓丈夫對她提不起興趣的原因，她在做愛時的忸怩作態和欲語還羞，令他避之唯恐不及。

最近幾個月來，蓮娜開始思考，如果她不事事迎合，不知道婚姻會變成什麼樣子。她想進行一項實驗，看別人會不會因為她這個人而喜歡她，而不光只是因為她的付出。

我們曾一起解構這個好女孩得自父母的焦慮、罪惡和自我犧牲。蓮娜希望勇敢起來，不僅知道自己喜歡什麼，也有能力開口要求。要他要求老公一起到「維多利亞的祕密」買性感內衣，聽起來或許不怎麼奇特，但對她而言就跟神奇胸罩一樣，具有特殊的效果。

造成史蒂芬、狄倫、瑪琳達和蓮娜的性態度產生裂痕的內部張力，來自童年的衝突。我們一生中的情欲傾向與看法愈來愈細緻，但往往源自童年經驗，好壞都包括在內。要瞭解這一切，需要運用心理學來追查。

人的情欲想像，極少是偶然造成的。

身體是我們的溝通工具

人類在身體和情感上對父母的依賴超越任何生物，無論是強度和持久度都是如此。依賴性如此完整，而我們對安全感的需要又如此深廣，所以願意做任何事以避免失去。我們願意壓抑自己的願望與積極主動，願意承受惡意中傷，甘願受制他人，自食其力，否則就得放棄我們的需要。簡單來說，我們利用各種自衛手段，而目標都在維繫主要關係。

但是，當你從發展的角度來思考，人最大的需求之一是自主性，情況就變得較難理解。打從學會爬行的那一刻起，我們就設法通過危險的分離之路，企圖在建立關係的基本衝動，與體驗自己作主的衝動間找到平衡。我們需要父母照顧，也需要父母給予我們足夠的空間，來確立我們的自由；我們希望父母扶持，又要他們適時放手。

我們這輩子就在努力克服依賴和獨立的交互影響下度過。長大成人後，我們以非常巧妙的方法來調和這些需要，這相當依賴父母如何與小小的我們互動。此處一定要指出，父母的行為只是其一，另一部分是我們對他們舉動的詮釋。每個孩子對人生中純靠運氣決定的事，有著不同的彈性，某人覺得不錯的事，另一個人可能覺得難以承受。

有些人希望父母多用點心，有些人則一想起父母的緊迫盯人和干擾就討厭。每個家庭對依賴和自主的表達，各有偏好的回應方式。換言之，何時值得鼓勵，何時應該避免，各有不同。我們和父母在施與受的過程中，決定有多少自由可以毫無顧忌去體驗生活，而感情到什麼程度就需要先擱置自己的需求。我們漸漸對關係如何運作有一套信念、恐懼和期待的模式，有些有意識，有些無意識，我們把這些包裝妥當後交給心愛的人。

無獨有偶，性的實體面也表現出這整段感情史，身體是你我擁有最純粹、最原始的溝通工具。羅蘭·巴特（Roland Barthes）寫到：「語言隱藏的，要靠我的身體來說，我的身體是個頑固的孩子，語言則是非常文明的大人。」身體是母語，早在我們開口說第一句話前，身體就是我們和世界之間的調停者。打從存有的那一剎那，愛就以具美感的方式，從大人流轉到孩子身上，我敢說在情欲方面也是如此。

身體的知覺主宰了我們對環境的最初覺察，以及與照顧者的最早互動。身體是皮膚感官愉悅的記憶庫，我經常聽見男男女女在我的辦公室裡懇求對方：「難道你就不能抱抱我嗎？」

四十歲人的擁抱，與五歲小孩的擁抱一樣具有撫慰的力量。身體會儲存我們承受的煩惱和挫折，以及遭受的痛苦，它挺聰明的，會記得你的心選擇忘掉的，光明和黑暗面都包括在內。或許這就是為什麼最深層的恐懼和最持久的欲求，常常在有肌膚之親時意外出現，其中包括得不到的渴望，以及被遺棄的、被吞沒的驚恐。

情欲的親密是慷慨和自我中心的舉動，也是施與受的舉動。我們需要進入另一個人的身體或情欲空間，而不必恐懼被吞噬或失去自己。在此同時，我們進入自己的內在，在對方面前向自我屈服，相信回來時對方還在等待，他或她不會因為我們的片刻缺席而感覺被拒絕。我們要能與人心靈相通，而又不必害怕自己會消失；需要感受自己與對方不同，卻不必擔心遭到遺棄。

當性變成關係中的義務

我對那些能與他人達到情感層次平衡，但在肉體上卻一再失敗的人總是很感興趣。對這些人來說，在性行為中兩人成為一體，以及隨之而來的自我喪失威脅感，導致他們要不就在性方面打烊，不然就是把欲望發洩到別處，當做防衛。

心理分析師潔西卡．班傑明（Jessica Benjamin）寫到：「孩子爭取自主權，發生在身體及其愉悅的範圍之內。」大人也一樣。

詹姆斯頭一回走進我的辦公室，一坐下來就說：「史黛拉與我的婚姻很美滿，但是性方面老是喬不攏。」詹姆斯覺得被史黛拉拒於門外，失調的性生活讓他充滿緊張感。當史黛拉接近他時，無論最初他感到多興奮，到頭來滿腦子總是被自己的表現占滿。

我會不會一直堅挺？我會不會太快達到高潮？史黛拉會不會達到高潮？

性成了到達終點線的競賽。他能不能在命根子軟下去之前達到高潮？狹隘的關注重點大大地減低了他的樂趣，他無法耍頑皮，不能嘗試新玩意，因為只要有別於常規的，就可能使他無法有好表現。這些焦慮總是造成漣漪效應。

詹姆斯的感情阻力也壓得史黛拉喘不過氣來。她感受到他的心不在焉，怨嘆他不專注，而且已經強烈抱怨了好幾年。

「談談你母親吧。」我問詹姆斯。

「我母親？我看別浪費時間了吧？幾年前我去見一位治療師，她也要我談我母親，結果什麼也沒改變。我老婆跟我媽一點也不像。」

「基於應盡的注意，我都會回到源頭，原生家庭是我們學會愛和感情的第一個地方，其他像是朋友、一夜情、老師跟愛人等，都不具備這種情感共鳴。所以，談談你母親吧。」

在我們一來一往中，詹姆斯的心情完全跟著母親走，而她經常是孤獨又難過的。她怕吵雜，他跟姊妹太調皮時就會使她焦躁不安。她是個好媽媽，只不過發條上得太緊。他說：「我很難完全做到她要的。」

詹姆斯的母親仰賴他的支持，要他作伴，跟她談心。「等我年紀大些，想跟朋友在一起時，我知道她會滿失望的。她會說：『好好玩啊。』但是說話的方式讓我根本不能好好玩。」詹姆斯的成長，就在不想忤逆母親又想過自己生活的拔河中度過。「拿到遠在西邊的史丹佛獎學金是我這輩子最幸運的事了。她沒辦法叫我放棄那個機會，我走了，但也帶了罪惡感前去。」

詹姆斯頭一回目不轉睛看著史黛拉時，她看起來像是幻想中的人。「她的一切都如此優雅、生氣盎然、色彩豐富。這個女人不怕突顯自己，她就像個發光體。」史黛拉跟詹姆斯的母親剛好相反，他頭一次能夠愛一個女人，又不必背負責任和罪惡感。事實上，史黛拉一貫拒絕他太過配合她的企圖，她解釋詹姆這麼做會讓她有種窒息的感覺。當他詳述，過去當他想做某件事卻沒有邀她參與，會使他萬分焦慮。他總是擔心讓她失望，他問「妳介意嗎」的方式讓她抓狂，最後她迸出這些話：「聽著，我不是你媽，你不必請求我許可。」史黛拉多半從實際例子中，教導詹姆斯瞭解人可以跟某人親近（肌膚相親、關懷、安全），而不必感到委屈。她在主張獨立之際，也一再傳達她並不脆弱，她的福祉並不光是仰賴他，愛情不必以失去自我做為代價。

詹姆斯和史黛拉的婚姻，在許多方面令人嫉妒。他們喜歡跟對方在一起，他會讓她開懷大笑，她是他繪圖設計工作最嚴厲、但最可靠的評論家，他加上一句：「其他一切也是。」

史黛拉很清楚自己的地位，她說：「我感到無聊的那天，代表我要走人了。」他們在一起三十一年，養育四名子女，翻新兩棟房屋，共同度過失去父母的痛苦。詹姆斯陪史黛拉走過乳癌陰影，並為長孫的誕生舉杯歡慶。這是他們故事的光明面。

可是，性是他們關係的地雷場，最嚴重的爭執就發生在那裡。她想要，而他辦不到；她想談，而他不想，最近有惡化的趨勢。

多年來，史黛拉因為被迫守護他們的性生活而忿忿不平。「想到的是我，想要的也是我，讓它發生的是我，抱怨沒發生的還是我。如果我任由詹姆斯決定，我們的情欲生活會像沙漠般貧瘠。」私底下，詹姆斯承認，只有在他覺得她會因此生氣時才會主動，如此就算是交代過了。史黛拉討厭是「包辦一切」的那位，但她不敢不這麼做，擔心什麼都沒有，留下令人難以忍受的空白。所以她假設他缺乏興趣，而不是確認這是事實。

打從史黛拉進入更年期以來，她對性就再也提不起勁，於是她最害怕的一件事就此被確認。詹姆斯在性方面的被動，過去曾被她的熱中而遮蔽，如今性生活即將死在自己面前，令她抓狂。「我們跟室友沒兩樣，這次我真的需要他加把勁，可是他卻不肯。」我對史黛拉說，看似他不願意，但更可能是他不知該怎麼做。更年期造成的混亂，挑戰從他們從關係之初就固定的模式。

詹姆斯很快就把焦點鎖定在「表現」，做為他『性』趣缺缺的正當理由。他預見性愛的失敗，他的焦慮更應驗這個預言。每次只要失敗，他就會覺得自己很遜、很娘，而他對性無能的恐懼，使他還沒開始就想停止。詹姆斯變得異常迷戀「把它做對」，在史黛拉面前「持久」，卻完全無視她的存在。所以，雖然他以為自己只關心她一人，她卻覺得他的心彷彿完全不在場。這已經成了他們之間的爭執重點。

我告訴詹姆斯，緊盯著實際的性行為，把性當成某種表現，絕對無法引起情欲。在我看來，和妻子做愛這件事，似乎把詹姆斯壓得喘不過氣來，包括大聲說出欲望、挑逗她的情欲，以及自在表達對她肉體渴望的褻瀆意念。

當我問詹姆斯是否體驗過毫無焦慮的性愛，他回答：「只有在我手淫的時候。」這點很重要，因為這確認他的器官並沒有問題，從性器官來說，他可以有不錯的表現。詹姆斯在他的單人性行為中既能讓自己爽，又不必承受對方帶來的壓力。居住在他幻想生活中的都是些淫蕩、具性魅惑力且絕非弱不禁風的女人，他無需擔心他的自私可能傷害對方，所以可以毫無罪惡感地從自己的興奮中獲得樂趣。這種自由是他從來無法和妻子一起達到的，而那樣的領悟也帶領我們來到他情欲受阻的原因。

詹姆斯不知道如何在心愛女人的面前享受性的愉悅，由於無法同時取悅自己和史黛拉，結果兩個人都失望。即使他在情感和知性上與妻子保持強烈的自我意識，但他痛恨她對音樂的品味，拒穿義大利套裝，為了違抗她甚至有一年投票給共和黨。這種沉著冷靜一到了床上就破了功，他擔心如果屈服於自己強烈的欲望並忘記史黛拉，哪怕只是一下下，她都會受到無可原諒的傷害。

儘管詹姆斯沒察覺到，但他的情欲藍圖盡是和憂鬱母親所留下的記號。一談到跟史黛拉的性生活，他又回到童年，亦即必須在照顧自己和確保兩人親近之間，做出不可能的選擇。小時候自私帶來的罪惡感，已經變成性的禁忌，或許這就是為什麼他感受到妻子的欲望是要求而非邀請，是義務而非勾引。情欲已經轉變成義務，並且因為壓力、罪惡和擔心而逐漸消失。

重燃欲火

詹姆斯和史黛拉不知所措。他們的性愛問題被歸因為彼此不來電，他們認為這是永久且不可逆的，一如被截斷的腿。多年來，詹姆斯困於心裡無助的旁白：「我們的問題一定是來自於某處，一定是某人的錯，如果不是我的錯，那又是誰的錯呢？一定是史黛拉的錯。要怪就怪她吧。」我重新詮釋詹姆斯缺乏欲望的原因，定位在他對童年的反射，他開始憐憫起自己來。在此同時，我要求他要為現況負起責任，一同解構自責和責任，詳細規畫行動方針，於是他逐漸感到輕鬆，史黛拉也開始找回自尊。

我和詹姆斯一同確立他在性別上具備令人自在的分立性，並且澄清分立不代表漠不關心。我沒有一直把目標固定在史黛拉身上，而要求他做些想像不到的事，並把持住自己。我建議：「首先離開臥室，因為那裡有太多不好的聯想，這張床上寫滿失敗的紀錄，成了感官喪失的儲存槽。在屋子裡尋找其他地方，然後，在史黛拉旁邊自慰，感受一下在有她的地方愉悅自己的可能性，留意緊張和罪惡，意識到這些感受的存在，而不是試圖避開。」

我之所以要詹姆斯自慰，有好幾個理由。第一，自慰是他可以自在發洩性欲的一種方式。第二，自慰誘使他完全以自我中心，解除取悅妻子的責任。第三，（我希望）自慰讓他確認，關注自己不會傷害對方。被觀賞，使他在沒有罪惡感的情況下，盡情表現自己在情欲上的主體性。這麼做可以讓他用全新的方式，看待自己對表現的焦慮。他頭一次覺得她可能喜歡觀看他陶醉的樣子，讓她觀賞他在情欲中放聲大叫，本身就是親密的禮物。這創造一種迥異於母親給他的感受，畢竟我們不會在父母面前自慰，但我們卻能和愛人一起自慰。

當然，我做這項建議時也考慮到史黛拉的處境，當詹姆斯試探性地碰觸她，等待她給他進一步許可時，她是充滿怨恨的。結果詹姆斯的謹慎小心反而令她情欲盡失，他的尊重反倒給她負擔，而固執的專注更使她痛苦。在我們稍早的對話中，詹姆斯告訴我史黛拉脾氣不好。我確定地說：「就算真是這樣，如果你更頻繁地跟她做愛，你就會擁有一位性情很不同的妻子，因為身體不被碰觸、撫摸、擁抱和取悅時的挫折感，會把人逼到牆角，你才會感受到狂暴。」

我讓史黛拉知道，我給許多恩愛但卻已經沒有愛情的夫妻的忠告：「妳知道他是愛妳的。妳從不懷疑，所以這些年妳才會留在他身邊。傷人至深的在於妳從不覺得他想要妳，妳覺得一切都要靠妳促成，而事實也確實如此，妳已經為獲得感情的安全感而放棄感官的複雜事物。這是滿殘酷的交易條件。」

淚水從史黛拉的臉龐滑落，彷彿像冰河突然融化般，他們談到許多長久以來忍受的渴望和拒絕，想不把一再拒絕當做衝著自己而來，幾乎不可能，總將它視為一個人不被珍愛的結果，並因此落入自我懷疑中。

我對詹姆斯說：「愛情和欲望是不同的，安逸也不等同性感。你老婆知道你愛她，而她要的卻是被你渴望的感覺。她想知道你的飢渴，品嘗你渴求的美好滋味，把這件事當成兩人一拍即合。你沒辦法不顧一切而屈服，這在在激怒了她。你的消極、無作為讓人火大，而你的體貼，與她幻想不受拘束的大肆享樂剛好相反。你要記住，你的色欲會是她旺盛精力的無條件背書。」

自慰的實驗只是部分成功，進行得尚可，卻沒有戲劇性的轉變。詹姆斯的自我意識勝過他自己，他總是把自慰安排成一種私人的歡愉，完全不想與他人分享，但是幾天後發生的一件事，是真正的轉捩點。

詹姆斯和史黛拉吵了一架。史黛拉很難過，相信一切永遠不會改變。詹姆斯的第一個衝動是抱住史黛拉，但他又怕那不是她想要的。她似乎對他相當生氣，但他克服了他的笨拙，依然將她緊緊抱住，雖然她一開始完全沒反應，但這次詹姆斯沒有鬆手，以往他總是會退縮，把注意力擺在她準備好了的暗示，完全任她擺布。這次他堅持自己的情感自己作主，結果竟意外地興奮起來，他摩擦她的背，她漸漸平靜下來，因為知道他不會離開，而且能包容她。他承受她情緒的強度，一波波的強烈情緒形成骨牌效應，於是形成他們兩人分別詳細敘述的「美妙的做愛過程」。

他們做愛並沒有達到狂喜的地步，而陶醉在安靜的激情中，只是領會兩個肉體經過長時間缺席後的重逢。

兩個人才能創造模式，但改變模式只需要一個人。詹姆斯在之後的療程中，興高采烈地形容自己「大膽而且持久」，並且對於「掌握主導權，使他精力旺盛」感到訝異。他和史黛拉精心建構的性愛牢獄終於慢慢開啟，哪怕只是瞬間，已使他充滿希望並一窺情欲的可能性。多年來，他頭一次發現自己對妻子有所幻想，包括他們可能在一起做什麼、在哪裡做等。他找回長久以來迷失在焦慮中的自己。

值得一提的是，在這次做愛過程中（及後續幾次），詹姆斯完全沒有早洩的問題，甚至不必擔心有這種可能。當性愛像是在盡義務時，提前射精變成常態，那是把一件不舒服的事很快地做個了結。當愛人不受拘束浸潤在性愛中，會把投降變成自我主張的舉動，沒有必要克服。早洩是誤稱，問題不在時機，而是沒有心，比較貼切的描述是「非自願射精」。當詹姆斯掌控自己的欲望，也就掌握射精的時機。

這故事有個有趣的意外發展。詹姆斯告訴我，打從開始治療以來，每回跟史黛拉做愛都是在爭吵過後。他承認：「我覺得有點困擾，我希望我們在做愛前不要有那些狗屁倒灶的事。」

我解釋：「憤怒和興奮的關係頗為複雜，從生理跟心理學的角度來說，憤怒與性興奮有許多共同點。以你為例，我認為憤怒替你壯膽，讓你不再唯唯諾諾，感覺更有權力。憤怒突顯兩人的不同，與依賴相反，所以能激起如此強烈的欲望，給你需要的距離。當然，憤怒成習慣會是一個問題，但卻不可否認是個很有效的刺激。」

這些年來，我見過像不少像詹姆斯和史黛拉的夫妻，原本多采多姿的關係，卻在禁欲的邊緣搖搖欲墜。我們一起研究造成情欲停滯的暗潮，追溯阻礙的源頭和造成阻礙的交互作用力。他們發現用上述方式著手改變滿有用的，理解過去有助於改變現況。

無情的重要性

我們常相信自己對某人感覺愈接近，就愈容易滋生感情的阻力，然而這只是其中一種發展。親密關係確實滋生欲望，但性的愉悅也需要分立性。情欲的興奮要我們一時跳脫親密關係，轉向自己，專注在日漸高漲的性欲上。我們要能片刻自私，才能在情欲上與對方交流。

我們跳脫心愛的人，並相信他們的堅定，這種能力會隨著童年人際關係的安全感，逐漸增長。我們愈信賴他人，就愈敢更進一步地探索。當嬰兒玩躲貓貓時，他們能夠忍受的距離只有手的寬度，這個遊戲讓人明白：即使我看不見你，你還是會繼續存在。年紀較長的孩子玩躲貓貓，有把握某人終究會來找自己，但即便如此，躲起來還是心驚膽戰，被找到時則鬆一口氣。情欲的親密關係正是成人版的躲貓貓，我們小時候跟他人建立的關係愈堅固，就愈有膽量去擴展它，因為我們知道心愛的人會等著，不會懲罰我們自私的嗜好，搞不好還報以掌聲呢。

麥克．貝德在著作《引動》中，把自私和性的無情連在一塊，他定義：「欲望的特質使人不帶罪惡、擔心或任何羞愧，屈服於自己興奮時所發揮的全部力量。」貝德的解釋強調區別的重要性，也就是在另一個人面前把持自己的能力。少了那樣的能力，我們就會變得像詹姆斯一樣，無法將史黛拉從腦海中拋開，感受到自己的熱情。

欲望的原始狀態可能讓人感到卑劣、充滿獸性甚至缺乏愛心，愛欲使人感覺遭到飢渴的掠奪。無論我們對於放縱自己跟異性鬼混、對於激情和粗鄙的言行感到多麼不恥，任何罪惡都會因為原始性欲的不堪一擊而加遽。我們與他人肌膚相親後，往往開始要求自己一輩子不准自私。除了家族傳承外，我們也帶著文化的傳承，經由社會化而控制自己，克制自己的衝動，馴服內在的獸性。因此，身為負責任的公民和配偶，我們往往修正自己並掩蓋欲求不滿的胃口，隱藏瞬間即逝的需求，物化所愛的人。

對許多人來說，在相愛的情況下是不可以無情的，這樣的禁令實在太過沉重，以至於不容許自己在情欲層面遺棄對方。性欲以固有的自我中心磨滅對方，而且是用一種與親密的理想相衝突的方式。這樣的人發現，他們只有跟不太認識或不太關心的人在一起時，才可以安全發洩性欲與放縱無度。消遣的性、色情和網路性交，全都存有某種距離、甚至是匿名性，一來逃避親密的包袱，二來也引起性欲。顯然這種情感的游離狀態比較容易在家以外的地方出現，因為在那裡不需要區分彼此。跟一個心不在焉的伴侶在一起，提供了某種程度的保護，換言之，如果你無法跟某人太過親近，就無須害怕落入陷阱或失去自我。

在我看來，在親密關係中培養冷酷無情來解決欲望問題，是個頗令人好奇的作法，雖然乍看之下或許鐵面無私，甚至不關心他人，但其實出自對感情的安全感，是少數完全拋開信賴而不感到罪惡或苦惱的經驗。當瞭解關係寬廣到足以承受我們的全部，情欲來到獨特的親密關係中，它超越感情的禮儀，順應洶湧的衝動和最原始的胃口。肉體廝磨的電光火石散放熱能，此時無法用比較溫和的方式表達。矛盾的是，冷酷無情是達到親近的方式，情欲的親密邀請我們進入無邊無際的狀態，在這裡感受到甜蜜的自由，能暫時脫離自己，包括童年的遺跡、關係的習慣，以及各自文化加諸的限制。

愛一個人同時不迷失自己，是親密關係中的兩難。對解決感情與自主性的雙重需要，源自於童年的學習，且往往要花上一輩子來練習。它不僅影響我們如何愛一個人，也影響我們如何做愛。情欲的親密使我們發現自己，也失去自己，它是合為一體、完全自我中心、共同性與自私性的體驗，使我們同時身在對方與自己的內在，有著雙重立場，兩者以神祕為邊界。

我們與心愛的人感受片刻的一體性，但因為承認自己不可截然畫分的分立性而成長。為了融為一體，你們首先必定要是兩個獨立的個體。

如果想靠孩子帶來心靈平靜、自信或幸福的安定感，就要準備好接受震撼教育了。孩子的所做所為是複雜的，含有暗示意味，替故事增加情節，為圖畫增添色彩，也把一切塗黑，用以往不曾有過的方式帶來恐懼。這使人聯想到聖者，解釋人類心靈的殘暴，將過去一些事復原或重做，為未來蒙上陰影。家裡有了孩子就不會無聊，但風險頗高，而電壓正在劈啪作響。

——安·洛芙，《單身不賴，結婚更好》（Anne Roiphe, *Married*）

第八章

父母身分的兩難：

當孩子威脅到兩人世界

性行為會製造孩子，孩子也是夫妻相愛的具體呈現，但諷刺的是，孩子威脅到的，卻是當初把他們帶到這世界的浪漫。性是生兒育女的開端，可是一旦孩子登場，就常被晾在一邊。即使孩子以別種管道來到家庭中，他們對夫妻性生活所造成的戲劇性衝擊，也未曾稍減。我見過許多夫妻把情欲生活的終止追溯到老大誕生時。

為什麼父母的身分會帶來致命的一擊？

從兩人過渡到三人，是夫妻最嚴峻的挑戰之一，它需要時間（以年而非以週來衡量）來尋找新世界的方位。擁有孩子是心理學上的革命，幾乎改變我們和每件事、每個人的關係，從自我概念與主體性，乃至和伴侶、朋友、父母、姻親的關係都是如此。有了孩子，我們的身體、經濟狀況和工作都發生變化，優先順位轉移，角色被重新定義，自由與責任的平衡點經歷大搬風。

我們幾乎與心肝寶貝陷入愛河，一如過去與另一半體會到的。陷入愛河相當花費時間與金錢，必須把其他一切推到一邊。家庭的資源必須重新分配。有那麼一陣子，夫妻間的時間變少、溝通變少、睡眠變少、金錢變少、自由變少、接觸變少、親密變少、隱私變少。即使談到家庭的成長有多幸福、夫妻倆又多有成就感，但還是會把這些轉變形容成關係的重擔。

最後，多數人終於在新的家庭情境中，再度認識自己。最好的情形是，我們更懂得照顧人的基本技巧，更會打點所需的支援，可以畫分家中和職場的勞務到人人接受的程度。我們安排育嬰，和別的父母建立交情；我們忙裡偷閒，幸運的話可以一覺到天明。我們再度到健身房報到，在收到下期雜誌前看完這一期，我們設法創造一些空間，用成人的身分來聯絡感情。

對有些人來說，這代表浪漫回歸平凡，而當想起性，是充滿樂趣的，讓人很舒服，感覺更親近。我一位朋友克萊拉就說：「我們很容易就忘記在當父母之前，我們曾經是戀人，但性愛為我們再度確認這一點，它提醒我，選擇梅爾是因為我愛他。就算到今天我還是會選他，我認為這就是浪漫。」

儘管有些夫妻再度被對方吸引，有些卻逐漸迷失在彼此疏離的路上。恢復情欲的親密感不見得總是那麼容易，現今的美國父母往往如此，各種社會階級的人都過度工作，被壓力壓得喘不過氣來，幾乎把性從日常生活中除名，以便我們專心於其他更迫切的問題。家庭生活不斷進行順位分配，哪些事需要立即關照，哪些可以先擺著不管？我們不斷把衝突的要求加以分類，而後排序：最重要、次重要、想做的、應該做的、可忽視、無關痛癢、隨便處置、瑣事、「也許有天會做」、「這輩子都不可能做」等。事情被擺在適當等級的空格裡。而「性」在所有待辦事項中往往敬陪末座。

我們與伴侶的情欲關係，為何淪落至此？碗盤沒洗真的那麼重要？放棄性愛，或許有著不為人知的隱情？或許在現代美國文化中，在家中表達情欲實在太過困難，以至於沒人能把握機會。

孩子，讓性欲變成一灘死水

孩子加入後，給予「安穩」嶄新的意義。只要隨便讀一本教養嬰幼兒的書，你會一再發現強調的都是例行公事、可預測性和規律性。家長的身分要求我們變得穩定、可靠且負責，必須讓孩子有足夠的信心進入世界，靠自己的力量探索，因此他們需要一個安全的基地。我們站穩腳步，孩子才學得了飛行。即使孩子尚未報到，我們往往就開始檢視自己的保險單，想買輛附有安全氣囊的車子，在負擔得起的範圍內，搬進最好（亦即最安全）的地段居住。我們減少飲酒，最後索性戒菸，除了六罐裝飲料和辛香料外，也開始在冰箱裡備些存糧。

一切都是為了孩子，但也是為了自己。面對身為父母的重大未知，我們盡可能努力確保未來的最大安全，創造架構以容納不可測的事物。我們有條不紊，排定優先順位，變得正經八百；同時拋棄輕浮、不成熟、不負責任、魯莽、逾越限度和沒有生產力的事，因為這些事和「組成家庭」的當務之急格格不入。

「吉米一生下來，我就把摩托車丟了，我不能騎摩托車發生車禍而死。」

「我是雕刻家，但我接下這份工作，用Power Point替一家高階投資公司製作簡報。因為報酬和福利優渥，五年後我就有權領退休金，如此一來就沒有後顧之憂，可以把多出來的錢全部當做貝琪的大學基金。」

「以後我不能參加狂歡派對到凌晨五點了，我早上五點半就得起床，如果寶寶開恩，就可以睡到六點十五分。」

「在有孩子以前，我們都是想到什麼就做什麼。如果決定去露營，把帳棚往車裡一扔就馬上出發。我可以在五點十五分打電話給堂恩，跟她說有個樂團會在晚上九點表演，她一定會跟我會合。現在我們都買季票，但是卻常把一半的票都送人。」

安適和一致的氛圍讓家庭生活圓滿。但是，情欲卻安住在不可測、自發性和風險之中。愛欲不喜歡受拘束，當它處於重複、習慣或規矩之中，死亡之日也不遠矣，而後將轉變成呆板，有時則變成強烈反感，性能反映失控的前兆。孩子出生後，我們對情緒不穩的容忍度立刻往下掉，或許這就是為什麼負面情緒經常出自雞毛蒜皮的生活小事。

如今，凡是有助情欲的事物，都被家庭生活給擋掉了吧。很多人扮演父母的角色太投入，導致連喘口氣都不敢，即使這麼做並無大礙。「當我得先把所有玩具收拾好才能考慮做愛，我就知道我們出問題了。」史蒂芬妮不情願地承認。「接著是碗盤、髒衣服、帳單、狗。事情沒完沒了，雜務似乎總是贏家，而我和華倫的親密關係就在一陣忙碌中被犧牲了。如果某人問我：『妳寧願拖廚房的地，還是跟老公做愛？』當然我會選擇做愛。但現實生活呢？我會把華倫推到一邊，一把抓起拖把。」

史蒂芬妮跟很多媽媽一樣痛恨打掃，但卻覺得窗明几淨的家是成功母親的象徵。她對乾淨整潔幾乎沒有招架之力，彷彿外在的秩序能帶來內心的寧靜。不過，就某種程度而言確實是如此。儘管一堆待辦事項讓人討厭，但把事情做好給她一種掌控和效率良好的感覺。儲存三個禮拜點心時間所需的洋芋片跟小脆餅、整理櫥櫃、買大兩號的鞋子，這些活動都有立即且可衡量的結果，相較於養兒育女必須視情況修正，並提心吊膽，家務要來得好操控多了。

孩子是上天的恩賜，是開心果，是神奇寶貝，但他們也帶來巨變。這些惹人疼愛的侵入者讓我們的內心深處充滿脆弱與無法掌控的感覺，只要一想到什麼恐怖的事發生在他們身上，或者是失去他們，我們就害怕得要命。他們讓我們時時處在焦慮中，願意不惜一切代價提供保護。我們要嘛就是對這些恐怖的想法麻木不仁，否則就是成天滿腦子想著孩子都還好嗎？應該為醫療和大學存錢？在面對這些嚇人的問題時，史蒂芬妮會趕緊抓起拖把，即使地根本不髒，只因為在情緒混沌的情況下，拖地帶給她些許掌控力。

其實史蒂芬妮以前滿邋遢的。「生小孩前，我從不清洗冰箱的雞蛋盒，生活頗為雜亂，書扔得到處都是，紙張散落一地，但我從不覺得那是失控，反倒覺得挺自在。但現在我有努力改善環境的迫切需要，這代表我正與混亂對抗，而只要我轉身去看電視，或者違反上帝旨意與老公親熱，這股混沌的力量瞬間就會占上風。」

傑克出生前，史蒂芬妮在一家國際運輸公司擔任經理，她預計休完產假後回到職場，但傑克的誕生改變一切，只要想到必須離開他，就是折磨。在精打細算過後，她發現她的薪水將近有一大半得跑到保母口袋裡。五年過去，蘇菲亞也來報到。「一個五歲的加上一個兩歲的孩子，我這個媽媽簡直全年無休。如果還剩下那麼一點時間的話，我只想留給自己。華倫往我身上靠過來時，感覺像多一個人向我要東西似的，我知道他沒那個意思，但我就是這麼覺得。我已經沒什麼可以給的了。」

「什麼時候，肌膚之親成了他單方面的需要？妳難道不懷念那種感覺嗎？」我問她。

她聳聳肩說：「不怎麼懷念耶。我一直以為這種感覺會回來，但我不能說我懷念它。」

史蒂芬妮的欲望依舊是一灘死水，華倫的挫折也隨之而起。他告訴我：「我什麼都試過了，她請求幫助，我伸出援手；我洗碗盤，我讓她週末賴床；我帶孩子出去，讓她有點自己的時間。但妳知道，我也有我的工作，成天都在趕進度，我又不是自己樂得逍遙，她以為我只想上床嘿咻，但事情不是這樣，我想有時回到家跟老婆在一起，但我看到的是滿腦子只想到自己是母親的女人，開口閉口全是孩子，只會說我們需要規畫、需要做些什麼、需要購買什麼。難道就不能偶爾喘口氣嗎？」

我問他：「你有沒有看過一部電影，叫做《愛在日落巴黎時》（Before Sunset）？有一幕，主角傑西說他覺得自己彷彿跟以前約會的對象共同經營托兒所。」

「完全正確！」華倫拍案叫好。

「你們究竟有沒有開心過？」我問。

「喔，我們滿開心的。我們一家人一起做很多事，我也滿喜歡的。我們上週末還去採蘋果。我們騎腳踏車，去公園，諸如此類的活動，孩子們感覺棒極了，大家笑得好開心。史蒂芬妮是個了不起的媽媽，她總會找一些新鮮事讓大家一起歡樂。」

「是你們兩人一起，還是大夥一起？」

「是大夥一起。」他低聲回答。

能給的，都給孩子了

史蒂芬妮的創意源源不絕，做藝術作品、到自然步道健行、參觀美術館和消防站、人偶表演、切餅乾、烘焙餅乾、餅乾派對，她幾乎每天都在動腦筋，看有哪些新鮮有趣的事，可以與孩子一起分享。史蒂芬妮有強烈的母愛，見到她跟家人的互動，可見她玩耍的精力在成為母親後並沒有消失，她的生命還是充滿新奇和冒險，但一切都跟孩子脫不了關係，導致華倫只能在一旁乾瞪眼。孩子就是現在的冒險活動。

如果不把情欲想成性本身，而是某種充滿生機和創造的能量，就不難理解史蒂芬妮的情欲還好端端地存在著，只是不再繞著丈夫轉，轉移到了孩子身上。傑克有固定的遊戲日，而一年中專屬史蒂芬妮與華倫的日子只有三天，包括兩個生日和一個結婚紀念日。蘇菲亞有最新流行的童裝，但史蒂芬妮還在穿大學時代的長袖上衣。他們每租一部限制級電影，就會租二十部普級電影。當孩子大快朵頤時，大人卻只能囫圇吞棗。

於是我提出一個觀點。史蒂芬妮從孩子的身上獲得大量肉體的歡愉。我進一步說明，史蒂芬妮懂得區分成人性行為和照顧小小孩的官能享受。她跟多數母親一樣，絕不會夢想從孩子身上獲得性的引力，但是某種代償卻發生了。就某些方面來說，女性在孩子身上感受的官能性，比還保守的女性性欲更多。性欲的存在，好比義大利歷史學家弗朗切斯科．阿爾貝隆尼（Francesco Alberoni）所謂的「繼續性的原理」（principle of continuity），指情欲具擴散性，散播到身、心、靈各處，而非集中在性器官，對女性來說尤其如此。情欲可觸知、可聽聞，聯結到氣味、皮膚和接觸。情欲的覺醒往往比肉體更主觀，而欲望則發生在情緒的小方格裡。

在母親和孩子的肉體接觸間，存在著各式各樣的感官體驗。我們愛撫他們絲緞般的皮膚；我們親吻，將他們放進搖籃，輕輕搖動。我們輕咬他們的腳趾，他們摸我們的臉；我們舔他們的手指，任由他們在長牙時咬我們。我們被他們俘虜，盯著看他們幾小時都不厭倦。當他們睜著大眼望著我們，我們陶醉其中，而他們也是。這種極為幸福的水乳交融，跟愛人的肌膚之親相似到驚人的程度。當史蒂芬妮形容她跟華倫初交往時的甜蜜，像是眼睛移不開對方、週末成天賴在床上、學嬰兒般囈語、吮腳趾，與她跟孩子相處簡直就是翻版。

當她說：「到頭來，我能給的都給光了。」我真的相信她，我也相信她或許不再需要什麼。這些遊戲、活動，與密切參與孩子發展的過程，一切的肉體關聯在在說明史蒂芬妮的情欲能量已經轉向，孩子成了主要的情感慰藉，這不利於伴侶間的親密和性欲。

驚人膨脹的親子關係

照顧小小孩帶來的感官愉悅，與生俱來且各地皆然。從演化觀點來說也是聰明的，親子連心是種強大的生理反應，確保嬰兒能夠存活。然而，我想在親子連心和近來教養孩子的文化間做一區別，因為後者將親子關係膨脹到驚人的程度。

史蒂芬妮把大量關注放在孩子身上，這類「孝子」和「孝女」型的父母是近期的趨勢，且已經到達愚蠢的顛峰。童年的確是人生的關鍵期，無可避免會影響孩子的未來，但近幾十年，愈來愈強調孩子的幸福快樂，使我們的祖父母輩聞之不寒而慄。童年被神聖化了，導致成年人犧牲自己的一切，以給予後代無瑕疵、無痛苦的發展，成為全天候的兒童專屬養育工廠。以往的孩子主要被視為集體的經濟資產（以前的美國，以及目前世界上許多地方仍然如此），女人產下許多孩子，希望其中幾個能夠存活。而如今，我們不再主張孩子的勞務，而是從孩子身上發現意義。

在此同時，美國的個人主義強調自主與個人責任，導致我們在家庭生活上左右為難。一方面，我們容許孩子將感情理想化，我們教養子女的方式需要大量的情感與物質。另一方面，社會明顯缺乏完成這個基本計畫的公共支援，就連許多中產階級家庭都無法給孩子完善的基本照顧，包括醫療、托育和教育等。在個人主義的文化氛圍中，我們往往將公共政策的缺點「私有化」，視為個人的失敗，最後只剩下孤立的家庭單位——延伸家庭的過勞父母，因而出現負責協助的專業機構。當祖母遠在三千英哩外，加上高額的育兒費，每年可能高達三萬美元（而且還繼續上漲），夫妻往往渴望空氣、空間、時間和金錢。

養育孩子的重要性加上資源稀有，對母親的影響尤其顯著。因為在異性夫妻中，母親承受大部分的負擔責任。問題不只這樣，因為以孩子為中心的空前現象，和強調以浪漫為背景的現代婚姻剛好背道而馳。我們不僅想做一百分父母，對孩子有求必應，同時也希望婚姻幸福、圓滿、性生活美好且感情親密。我們的文化認為家和萬事興，但培養夫妻的理想關係需要照顧和關注，與許多人擁護的「全方位照顧」的父母直接衝突。烏托邦的浪漫，因為家庭生活的現實而凋萎，史蒂芬妮感到力不從心，因為她就是這樣。

女性的愛情和欲望，往往是不可分的

史蒂芬妮和華倫具體呈現了常見的婚姻結構——史蒂芬妮被孩子完全占據、精疲力竭，對性不感興趣，而華倫則是挫折又孤單。史蒂芬妮氣憤每件事都跟孩子脫不了關係，而家裡的事竟全壓在她一人肩上，她大聲說如果他肯多幫點忙，她就會比較願意做愛。史蒂芬妮希望兩人有時可以有些肢體接觸，而不要一下子就跳到性愛，又抱怨華倫對性愛的要求證明他麻木不仁。於是，她在氣憤和罪惡間來回奔走。

華倫感覺自己的位置被取代了，對多年來種種被拒絕的藉口感到不耐。「一開始是害喜，之後是太疲倦，再來是身體太臃腫。等傑克出生後，藉口就變成陰道鬆弛、要餵奶，乳頭痛。『現在不行，我正在餵傑克喝奶。現在不行，我剛餵傑克喝完奶。現在不行，我稍後得餵傑克喝奶。』我們試圖懷蘇菲亞時曾短暫又有性愛，但現在又回到原點。」

他們來找我時，已經被鎖死在某個模式中。他發動，她斷然拒絕，他感覺被拒絕，於是退縮。她若有所失，甚至對他想做愛的動機產生猜疑。她抱怨：「我們的相處，沒有好到讓我想試著改變。」他們為性生活不圓滿而互相指責，一方認為另一方有責任改進。

我為他們擔心，也讓他們知道我的擔心。不是因為我認為夫妻少了性就活不下去，我擔心的是一旦雙方都缺乏性欲，就不止代表對彼此不滿意了。兩個人有很多種方式能心甘情願地承諾彼此，而且不是每種都跟性有關，然而如果伴侶的其中一方真的很想念做愛又說不動對方，這時就會產生惡性漩渦。對長期欲求不滿的伴侶來說，缺乏肌膚之親造成情感荒蕪，出包只是遲早的事，他們會把目標轉移到網路，或者偶爾來個不倫，耍個花招或搞外遇，要不乾脆走人，即使等孩子長大都不嫌遲。或者他們留了下來，但卻變得非常刻薄怨恨，讓你巴不得他們走了算了。華倫和史蒂芬妮似乎正朝著不太妙的方向前進。

史蒂芬妮沒弄懂，在華倫絮絮叨叨的堅持背後，其實只是渴望與妻子親熱。他認為性愛是親熱的前奏曲，是進入已經變得脆弱的情感的途徑，但她對他的回應，彷彿他才是嗷嗷待哺的孩子。她沒領悟到不僅他如此，她自己也一樣，她就像許多女性，一旦進入照顧人的模式後就很難移轉，會滿腦子都是如何為別人做些什麼，導致當某人主動付出時，她竟渾然不覺。

令華倫無法忍受的，在於他的努力卻讓他更無法如願。他亟需史蒂芬妮產生欲望，希望這股欲望已經存在，能意想不到且完整地呈現。

我向他解釋，當我們處在某種心情下，就會期待伴侶也有那種心情，但最後往往落得失望。我們把缺乏欲望當做對一個人的拒絕，殊不知「期待」才是激情最有效的靈丹妙藥之一。欲望無法強求，但你可以營造一個得以舒展欲望的氛圍，可以聆聽、邀請、捉弄、親吻，可以鼓動、讚美、製造浪漫和勾引。這些小伎倆都可以為情欲打好基礎，欲望可以在此基礎上輕易地被提升。

即使在史蒂芬妮有小孩前，她的性態度也總是被動多於主動，極少自發產生欲望。這時華倫的角色極具互補性，他的堅定自信蓋過了她的曖昧不明，他不僅讓她感受他想要她，而且她是被渴望的，他也讓她感覺渴望。他會慢慢地勾引她，逐步喚醒她的知覺，而她則是等不及回應。這種一來一往，在兩人早期的交往過程中經常出現，暫時掩蓋了她性格中對性愛不主動的事實（這也是許多女性共有的特性）。

我向華倫指出，如果多用點心思培養、而不光只是監控史蒂芬妮的欲望，說不定她會更願意接受他的欲求。對史蒂芬妮來說，愛情和欲望是不可分的，她必須先有親密的感覺，才願意在沒有防備的情況下接受性愛，否則她會有被物化的感覺，她說：「有時感覺就像他只想解放，跟我這個人無關似的。把我的欲火全澆熄了。」

我告訴華倫：「史蒂芬妮需要你主導，但你不能只幫她買張車票，你必須讓她對此行產生興趣才行。你扮演的是讓火焰繼續燃燒的重要角色。她現在感受到的只有壓力，覺得你的聲聲召喚既突兀又具侵略性，認為你想要的只是性。現在，請向她證明你並不是這樣。」

把另一半找回來

我比較難打動史蒂芬妮，因為她跟我都無法輕易對兩人沒說破的意識形態衝突視而不見。要她證實丈夫的需要，一不小心就可能被解釋成否定自己的需要。面對一位對身體毫無興趣，感覺自己不應得到性愛，或是已經竭盡全力的女性時，如何鼓勵她在孩子之外，為自己的身體重新找回性欲？如何避免在孩子與丈夫的需求間搖擺，導致自己的需求永遠得不到滿足？我不想加入對性的偏見，這麼做只會為錯綜複雜的情況更添壓力。

我對她說：「妳永遠不會聽到我叫妳勉強自己。沒有一件事比隨時應要求上床更讓人產生不了情欲，但我確實相信性是重要的，無論是對妳、對妳的婚姻、對妳的孩子。妳願意放棄妳自己如此重要的部分，令我大惑不解。在孩子一長串的需要中，一對擁有性生活的父母怎麼不是其中之一呢？」

許多女性努力地將性欲和母親的身分整合在一起。我們的文化把「專心當母親」和「無私」畫上等號。所謂的無私就是自我犧牲、自我克制和忘我。多年來，史蒂芬妮總把孩子放在第一位，壓根忘了自己。她放棄自由和獨立（而兩者都是欲望的基石），遺忘自己也享有權利的事實。在母親身分外，與自身情欲重新聯結是關鍵所在。我們一起探測她的性動力為何難以捉摸，探索她的性史：在她的成長過程中，性欲以何種方式在家中表達，以及她最早期的經驗。

她告訴我，她的母親對於「性」的主題多麼手足無措，從不說老實話，只語焉不詳地提及道德和罪惡。她從沒想過母親是性的存有物（sexual being）。

我當然沒有忽略「歷史可能重演」的事實。

我們談到她如何因為懷孕、生子、哺育和身為母親，而改變她對性的認同。我們從更宏觀的文化情境來觀察她的個人經驗，探討身為母親的政治學、貞操的迷思，和懷孕生子醫療化，這全都剝奪母親身分中屬於性的元素。

我向史蒂芬妮推薦一本書的精華部分——凱西·溫克斯（Cathy Winks）和安·西門斯（Anne Semans）合著的《性感媽媽》（*Sexy Mamas*），這本書以可行、務實的正向方式，探討性欲和母親的身分。我建議她把這本書擺在床邊的顯眼處。

以上的對話試圖把性重新引進史蒂芬妮的心靈圖譜中，使她認知自己是性的存有物，多年來她一直把自己的欲望交付給華倫，而華倫則負責修補他們之間的情事（連同雪胎、草地和垃圾一起）。當她脫口而出：「我這輩子在性方面一直不及格，我痛恨華倫，因為他自以為有權獲得我不准許自己擁有的東西！」我知道我們即將有重大發現。

我們一同把焦點從忘我轉移到自我覺醒，探索如何在愉悅固有的自私本質下收復這方面的權利，同時又不會讓史蒂芬妮覺得自己是個壞媽媽。結論之一是，史蒂芬妮必須為自己做些激進的事，像是和姊妹在週末時到偏僻的地方隱居，讓華倫和孩子自生自滅。這需要很努力，但我感受到在她接受性愛前，需要先擴大個人感受愉悅的領域。當她對自己更慷慨，或許就更能接納她的丈夫。

在療程中，我不堅持給家庭作業，尤其在家務事已經沒完沒了的情況下。然而行動是改變的先決條件，於是我要求他們在每次療程後，在接下來的幾個禮拜內各用不同方式做一件事。他們無須討論，因為他們的努力不是用這件事的成敗來衡量，重點只是這件事的意圖。

我向華倫說：「我要你們挑戰極限，隨便做一件讓你比平時更進一步的事。我們為別人做的事，往往是我們希望對方為我們做的事，但那不盡然是他們想做的。這一部分與處理並尊重你們之間的差異有關，你曾經用極大的創意來追求史蒂芬妮，但情況已經不同。有種假設是，人只需要追求自己還沒擁有的，不光你們如此。重點是為了使伴侶對情欲繼續感興趣，我們必須變得更誘人。」

現在，性已經淪落為華倫想要且想念的事。史蒂芬妮從願意接受，轉變成被動反應，這種消極態度的主要力量就是拒絕。我建議她：「記住，絕對的『不』會限制一個人。真正傷害他的是二話不說就拒絕。或許你可以從『也許』或『來親親』，或甚至是『說服我吧』當中找到更多自由。華倫比任何人更能幫助妳，找回妳藏在母親身分裡的女人味，妳能不能想像請他進來，而不是把他推開？鼓勵他邀請妳，然後靜觀其變。」

史蒂芬妮被母性耗盡所有精力，根據我的觀察，唯有跟華倫在一起，並且經由他，她才可能解開和孩子難分難捨的結，把部分精力轉移回自己以及她與他的關係中。當父親向母親伸出雙臂，而母親也給予善意回應，這可以為整個家庭重新找到平衡點。於是高牆倒下，新的區分出現，其中包含成人專區。時間、資源、玩耍和樂趣被重新分配，性欲從強迫退休之中被解救出來。

我跟同志伴侶的合作經驗，使我體認到，當父母的某一方負責孩子的事，就會出現類似的交互作用力，不論是父親還是母親。由於同性伴侶不受限於男主外、女主內的傳統分工，因此提供十分有價值的比較基礎。我一再親眼目睹擔任主要照顧者的那一位，總是經歷類似史蒂芬妮的改變，完全被孩子牽著鼻子走，失去自我，比較難從家務瑣事中解放出來。

比較獨立自主的父親或母親，可以幫助主要照顧者脫離孩子，把精力重新分配給兩個人。

「先別管玩具了，沒人會頒獎牌給妳的啦，去小睡一下吧。」

「妳不用做榛果派啦，妳今天做的已經夠多了。」

「保母在這裡，趁她還在的時候先坐下休息個十分鐘，兩人共喝一杯酒吧。」

這種作法有別於傳統分工，強調責任分攤、相互依存，並公開讚揚兩位伴侶的互相依存力。

當華倫問：「想要嗎？」

史蒂芬妮終於回答：「說服我吧。」

於是他們的動能開始轉移，暫停令人難以忍受的對立，她要求他說服她，這本身就是性欲的勇敢表達。而華倫也不再是那個老是懇求的人，著手將妻子爭取回來，他的角色是讓火焰繼續燃燒，而這樣的角色也被賦予新的意義。

生活需要計畫

華倫和史蒂芬妮正朝對的方向前進，但是愛欲的力量還沒有跟上來。華倫花盡心思、精心設計的挑逗，因為無法通融的家庭生活而一再受阻。他們以孩子為重心的程度，簡直荒謬。週末幾乎都被棒球和生日派對占滿，孩子只比父母早半個鐘頭上床睡覺，而且爸媽的房門永遠為孩子敞開。

六年來，華倫和史蒂芬妮不曾遠離孩子共度週末，他們不再把自己的需求列入家庭預算，保母被視為稀有的奢侈品，而非不可或缺的必需品。簡單來說，無論是單獨一人或兩人一起，他們從不曾騰出所需的時間和空間，來放鬆並且替自己充電。他們不再以彼此為重心，轉向以孩子來彌補錯過的一切。

這些年來，我注意到「以孩子為中心」不光是生活方式，有時也包括情感的架構。成人關心和照顧孩子，給予毫無條件的愛與全心奉獻，人生因此注入經過提升的意義感。然而，當我們轉而從孩子身上獲得再也無法從另一半身上得到的感覺（我是特別的、重要的，我們不孤獨），這時問題就來了——這等於在他們身上加諸過大的負擔。

要有安全感，孩子們首先得知道自己的能力有限，道義責任也有限。當成人在情感和性方面都獲得滿足（合理地獲得滿足就好，不用標準太高），孩子就有辦法在擁有自由和支援的情況下，感受他們的獨立性。如果華倫和史蒂芬妮想重溫往日時光，就需要在情感上和現實上，從對孩子不成比例的關注中解放出來。

自動自發是好事，但家庭生活需要計畫。頂客族夫妻可以想做就做，但父母卻得務實一些。無論是一般約會的夜晚，還是固定每幾個月離家小度週末，或者是在車裡多待個半小時，重點是夫妻應該要圍出一塊專屬於兩人的情欲空間。

當華倫和史蒂芬妮排斥事先計畫的性愛時，我的回答是：「計畫也許給人缺乏想像的感覺，其實卻暗示著用心，傳達出某種價值——為性愛做計畫，是在確認你們的情欲是聯結在一起的。其實你們以往的約會就是這樣，把它想成前戲的延長吧，只不過是從二十分鐘延長到兩天罷了。」

計畫證實對史蒂芬妮最有用，她說：「華倫的約會觀是這樣的，他會在禮拜二的十一點向我求愛，當我拒絕他時，他會說：『我們明天晚上可不可以約會？』我必須向他解釋，我認為排好日期的性交不算約會，我需要到外頭去，吃別人做的菜，吃完後盤子有人洗。我們出去時會聊天、親吻、說笑，可以說完一個句子而不被打擾，他把注意力放在我身上，這讓我感到性感。」

他們的約會對史蒂芬妮來說不僅是維繫感情的關鍵，也幫助她從全職母親過渡到愛人的身分。「這麼久以來，我每次想到性，就是思考如何避開它。當我知道要跟華倫約會，竟然讓我開始期待，我會嬌寵自己、會去淋浴、剃腿毛、化個美美的妝，讓自己變得性感。」

史蒂芬妮和華倫的故事，是父母身分影響情欲的典型案例，但那只是許多類似夫妻中的其中之一。無論是異性戀、白人、合法夫妻或是中產階級夫妻，他們對兩性平權的理想和浪漫的渴望，在從兩人過渡到三人的過程中，被無情地忽略了。

我和史蒂芬妮、華倫的合作還沒結束，雖然情況已經有所改善，但是照顧幼兒和情欲就是無法兩全。我猜想當他們進入下一個人生階段時——孩子全天候上學，史蒂芬妮一如計畫回職場工作——這時新的能量將被釋放出來。另一方面，把養育子女想成一生中的某個階段，也能幫助他們保有耐性與希望。

性感媽咪確實存在

如今，我們在性的主體性完全被釋放的情況下，升格為父母，當性欲脫離繁殖，每個人都受益。我們身為避孕產品的規律使用者，已經在性方面取得零風險的玩耍特權，而這一玩可能好幾年。我們享受欲望而不受懲罰（至少暫時不會），期待從堅定的關係中獲得性滿足。

對我們的父母和祖父母輩來說，生孩子前後的性愛大概沒什麼差別，因為懷孕與伴隨懷孕而來的重責大任，永遠是即將可能發生的事。但對嬰兒潮世代和在那之後的所有人，父母的身分硬是扭曲了解放、自我滿足的生活方式。如果我們可以做比較，生育帶來的衝突會變得更煩人，我經常聽到以下的抱怨：

「你以前喜歡做愛的。」

「我們以前一做愛就是幾小時。」

「我以前曉得怎樣讓妳產生欲望。」

當父母的身分使我們的樂趣戛然而止，我們會既吃驚又怨恨。

男女都會面臨這些改變，只是方式不同、程度當然也不一。讓女性性欲高漲的解放，仍然過不了身為母親的門檻。母親的身分帶著道德光環，如以往那般莊嚴神聖。去性別化或去性欲化，使現代西方母親的性欲更不具能見度，或許是清教徒的傳承剝奪了母親的性成分，或許我們被說服相信「色欲與母親的職責衝突」。

當然，美國不只一個面向，這浩瀚的國度擁有豐富的文化差異。我的朋友「六月」立刻讓我想起，並非所有美國人都是乘著「五月花號」來的。她告訴我：「黑人當然也有性的問題，但我們的煩惱絕對少於你們白人。性是生活中自然的部分，不是見不得人的大祕密。我的孩子知道我有性生活，我也知道我父母有，他們會放馬文．蓋伊（Marvin Gaye）的唱片，關上房門，叫我們沒事別敲門。」

我的阿根廷女性朋友玩笑地說，丈夫稱她是床上的「媽咪」，還有什麼方式比此更好，更代表能接受禁忌呢？我的西班牙同事蘇珊娜告訴我：「在馬德里，我最大的性資產就是三歲大的漂亮兒子。在紐約是我的口音、我的頭髮、我的長腿，但絕不是我兒子。」

史黛西是白種女性，和女兒同住在布魯克林，對周遭的族群相當瞭解。「唯一會跟我調情的是西印度籍的小兒科醫師、俄羅斯牙醫、義大利烘焙師和波多黎各的肉販，白人呢？想都別想。如果我跟孩子在一起，他們會當我不存在。」

至於帶個小嬰兒的男人，得到的卻是完全不同的反應。

不只權力是春藥，看見男人肩上扛個正在學步的娃兒走在街上，投射出穩定、投入和關懷的特質，對多數女性（和某些男同志）而言，就叫做性感。

亞當．高普尼克（Adam Gopnik）在《巴黎到月球》（*Paris to the Moon*）一書中將美國人為了生小孩而發生關係，與法國人單純為了享受性而發生關係，做一對比，他說：「所有美國的『該期待什麼』的書籍，一開始都會來個測驗，而不是行動。」他又說：「在巴黎，性愛使人懷孕，只要獲得協助和忠告，你說不定可以擺脫一切束縛，到外頭享受更多性愛。在紐約，懷孕代表醫院的病房。在巴黎，懷孕是兩性教育的一章，是讓身體愉悅之後的奇妙後果。」

撇開美國人的普遍心態，其實有不少女性因情欲遭到壓抑而採取行動。她們認為，母親的身分預告對性產生新的信心與女人味，甚至是對受傷肉體的補償。有一天我一連進行兩場療程，先是史蒂芬妮，然後是安柏。兩人的生活出乎意料地相似，但感受卻有天壤之別。

安柏告訴我：「我以前理所當然地對性愛說不，結果發現，拒絕欲望甚至拒絕飢餓，源自我那一百零五磅的媽媽。在我還沒當媽媽前，每當我老公問我想不想吃東西，我都會說不想。我在還沒聽懂問題前，就習慣性地拒絕。

「我現在知道對性愛說不的更深層理由，是新手媽媽的身心交瘁。我對兩歲半兒子吵醒熟睡中的嬰兒弟弟，看似有無盡的憤怒，並感到刻骨銘心的無助，我總是為家庭與孩子做牛做馬。

「但是，對性飢渴的卻是我，我會主動要求，或者因為得不到而鬱鬱寡歡。我整天忙進忙出，照顧孩子、煮飯、彎腰撿拾玩具、背孩子、換尿布，與花生醬三明治和兒歌為伍，捨棄自己的生活去參與孩子的世界。現在，我想來杯雪莉酒，聽我的音樂，跟我的男人在一起。我渴望脫離蓬頭垢面的狀態，想褪下被吐得一身的襯衫，還有被義大利麵醬和起司沾染的牛仔褲。我想擺脫一切讓我想到『母親』身分的事務，那使我經常拖著疲憊的身體上床。」

另一位患者夏琳則從孩子身上學到不少，她說：「孩子教我如何貪婪。我十五個月大的孩子，一吸奶可以連續半個鐘頭不停，然後跑去玩，幾分鐘後又回來要更多。當我把奶裝在杯子或罐子裡給他，他就會搖頭拒絕，猛拉我的襯衫，哇啦哇啦地直到我解開胸罩。他一看到我的乳頭就笑了，伊伊呀呀地一頭埋進去。三歲的那個只要一有機會，就要我抱抱，想占有我的時間和我的注意。他會讓我曉得該怎麼在地板上伸展我的身體，如何推卡車，而且聽他宣布想跟爸爸還是媽媽玩，要爸爸還是媽媽抱他上床，他一點都不感到罪惡或者不好意思。當然，他們不是都能如願。但我對他們在身體和心靈欲望間流暢地移轉，留下十分深刻的印象，那是我已經忘記或者已被訓練遠離的部分。觀察他們讓我對自己的身體產生覺知，也讓我想起自己的欲望。」

對芮妮來說，懷孕讓她空前接受自己，她說：「懷孕是我的療癒經驗，我幼年時期曾受過性虐待，對身體的任何女性特質感到厭惡。二十五年來，我一直在跟自己的大腿奮戰，在懷孕前一年，曾經因為飲食失調而入院治療。事實上，我瘦到根本不敢奢望懷孕，多年來我的月經總是時有時無，但我看到驗孕棒出現「加號」時，一切都改變了，食物不再被汙名化，這是我一生中第一次這麼想。我開心地看著自己發胖，頭一次擁有自然圓潤的胸部，我感到驕傲不已。朋友大多抱怨不舒服和變胖，但在我看來，我終於可以接受自己擁有女性的外貌。我採自然分娩，那真是充滿力量，我對身體的能耐感到訝異，我明白我能做的遠多於我所想像的。而從此之後，我做愛時就會追求那種強烈的感覺。」

對茱莉這位三個孩子的媽媽來說，母親的身分帶來新的正面認同感，她說：「我二十歲出頭時穿得像小男生，寬大的上衣、牛仔褲、九號布鞋，總之完全否定女性特質，也是女性主義對女性特質所產生的懷疑。我把他人的欣賞誤以為是對我的物化，不相信男人除了把我看成性玩物，還會對我有什麼興趣。這年頭的褲子流行時髦、緊身和趣味，襯衫也會露乳溝，我成了我的義大利爸爸會認同，而我媽媽會臉紅的那種女人——貪心、性感、伸張權力。為什麼？我現在覺得安全，因為我不吸引別人的眼光，我已經死會，徹底陷入丈夫的需求和欲望之中。身為母親，我找到自由，不再需要玩權力遊戲。我不必回應任何我沒選擇的人，不害怕性感、好色或是直接表達我的欲望。」

失去性欲的父親

當華倫的妻子成為母親後，他感覺再也沒人理會他的性需求，卻也有像里奧這樣的男人，他的性欲在從家裡來到產房的路途中落跑了。

母親的性欲下降已經是舊聞，我們或許不喜歡這樣，但至少說得出所以然。但是，對一位再也無法對母親產生情欲的父親，我們又該如何是好？這故事雖然很普通，但是承認自己如此的父親卻十分少。

卡拉與里奧來找我時，她已經無計可施。他們在一起十七年，前六年沉迷在肉體歡愉中，接下來的四年被孩子弄得手忙腳亂，最後七年則過著如出家人般的生活。

卡拉從好言相勸、懇求，到尖叫，乃至試圖補償里奧。她有幾次出軌，之後更發生了嚴重的外遇。里奧發現了，她威脅要離婚，他提議接受治療，於是他們就來了。

她說：「我對藉口深惡痛絕。一下子說是有工作，一下子是壓力，要不就是父親重病、他得早起、好久沒到健身房，所以沒力氣，還有他背痛、我的口臭、我的體重、他的體重等藉口。長久以來我都認為那是衝著我而來，但現在我受夠了，我愛這男人，也打算跟他白首偕老，但我不能再這樣過下去。」

他說：「我一直覺得自己在性方面還滿行的。我們會開玩笑說，剛開始約會時，我們玩到把家具弄壞，當時可真激情啊。我從不認為孩子是性欲的關鍵，但顯然有個東西已經轉向更深處。」

我瞭解卡拉在懷老大時，里奧在肉體上就開始退縮，最近這三個月完全沒有性接觸。里奧愈來愈晚下班，卡拉知道其中必有蹊蹺，雖然他們從不曾公開討論過。

「她成為母親時，對你來說有什麼改變？」我問。

他回答：「她從我的愛人、我的伴侶和我的妻子，變成我兒子的母親，然後是我另一個兒子的母親。有那麼一陣子，他們把她完全占據，這對我來說是還好啦。我認為世上最奇妙的體驗就是讓小寶貝睡在身邊，方便她整晚替他們餵奶。我一點也不嫉妒，我是很有愛心、很會照顧人的爸爸。」

「吸一個正在哺乳的女人的胸部，是怎麼樣的感覺？」我問他。

「怪怪的，肉體的事變得有點怪。我看著她分娩，而且是兩次，我必須說這對性生活並不怎麼有幫助。」

「我知道孩子出生應該是奇妙的時刻，是生命的奇蹟之類的，但似乎沒有人想承認噁心的部分。男人承認觀賞太太分娩很噁心，這是被認為不妥的。艾莉絲・沃克（Alice Walker）的著作中有個人物，我想是賀爾先生吧，他觀賞伴侶分娩，從此再也無法碰觸她或任何女人，他說他再也不想讓某人再經歷那樣的過程。」我證實他的話。

「有點極端，但卻是實情。我變得不同了，更小心，不像以前那麼隨性。我猜那使我不再主動或者充滿激情，或者以過去的方式欲求她，這絕對是一種轉移。」

「不能對孩子的媽那麼做嗎？」我問。

「顯然不行。」他回答。

我繼續說：「來談談聖母與妓女這兩種角色的對比或衝突，它具有心理學的深度根源。很多男人覺得，要挑起孩子的媽的情欲是困難的，讓人感覺墮落、亂倫、戀母情結。你要記住她是他們的媽媽，不是你的。我建議做些將她與『母親』區分開來的事。」

卡拉在療程中多半保持緘默，但接下來這星期，我完全不懷疑她一直是專心的。她笑著告訴我以下的故事：「我是真的想乾脆跟里奧豁出去算了，想給他一個很棒的口交。不光是盡義務或者禮貌。但身為人妻的我，也是個母親，他會讓我這樣做嗎？於是我發動這場遊戲，說道：『你知道，我們可以有幾種不同的性愛，你可以隨自己喜歡稱呼它，但如果你要我繼續口交，那你就要付出代價。如果想要那種程度的爽，就要一百塊錢，一百塊喲。』我以為提到錢的事會挺好玩的，但其實我是想看看里奧能不能把我身為母親的角色去除。男人不會付錢給孩子的媽來換取口交吧？不會付錢叫老婆為他口交。那是個很可愛的實驗。」

「說不定妳可以開始收信用卡，在床邊擺臺刷卡機。」里奧玩笑地說。

這幾年來，我沒忘記卡拉在情欲方面的玩笑。她聰明地掌握並顛覆整個議題：如何從母親的身上取出愛人的成分。

里奧害怕對孩子的媽表達情欲的原始狀態，因為這位女性太值得敬愛。卡拉冒了個險，她打破模式，邀他共謀情欲行動。她褪去壓抑，變成一個對性主動、向對方要錢的浪蕩女，此刻，里奧的色欲終於獲得釋放。

在孩子面前自由但謹慎地表達情愛

擁有孩子是我們美妙的渴望之一。我們以某種方式繁衍後代，無論是生物學或透過其他方式組成家庭，目的就是延續生命，也因此被歷史記上一筆。我們在身後留下兩性結合的代表物，讓自己不被壽命所限，於是有孩子就代表欲望，那是一種純粹地、想確認生命存在的舉動。但看著孩子腐蝕將他帶到世上的那股力量，是多麼殘酷的事。

孩子讓夫妻的情欲更難維持，這點你我都不質疑。有些例行公事不得不完成，否則家庭生活就無法運作，但這卻壓抑了性的自發性。夫妻間存在一種無法否認的壓力，時間、金錢和精力漸漸都不用在彼此身上。

美國母親的性欲是不能見光的，這種思維根深柢固，無論男女都一起否認母親的性需求。家庭用許多方式把性欲關起來，不讓孩子發現，以為這是保護他們。

對許多父母來說，祕密花園的概念帶來深刻的罪惡感和焦慮，或是各種不同程度的羞愧。我們害怕成人的性欲會傷到孩子，擔心那是不恰當或危險的，但我們到底在保護誰？

看著主要照顧者自由表達情愛（謹慎地，在適當範圍內）的孩子，長大後比較可能結合尊重、責任和該有的好奇心，贊同性愛。當父母壓抑性欲，勒住自己的欲望或乾脆放棄，等於把這一代的禁忌原封不動地交給下一代。

放棄性愛的理由很多，所以沒有放棄性愛的人就是在護衛自己的權利。堅決維繫情欲的夫妻，特別是重視情欲的夫妻，當他們嗅到欲望出現危機，就會變得勤快，並且刻意、不辭辛勞地想讓情欲恢復知覺。他們知道，不是小孩將欲望的火澆熄，是他們自己沒讓火焰繼續燃燒下去。

人類幻想的動物群，他們的海生植物，在人類活動的微光區域中漂流、繁衍，彷彿替黑暗的濃密頭髮綁辮子。此處也出現心靈的燈塔，他們的外在和較不純淨的符號相似，通往神祕搖擺的閘門，在碰觸到人類弱點時被開啓，而我們已經進入黑暗的領域。一步錯，一個含混不清的音節，結合時就展現一個人的想法。

——法國詩人路易斯．阿拉貢（Louis Aragon）

第九章

肉體和幻想：

我們在情欲的聖地，找到直達愉悅的道路

青春期的凱薩琳超重五十磅。在她身上看不到性感，她不斷被拒絕，當女性朋友在門的那頭跟人親熱時，她就是在另一頭把風的「醜跟班」。如今她出落得亭亭玉立，結婚超過十五年了，她和丈夫幻想她是高價妓女，男人花大錢以一親芳澤，動機之強以至於願意一擲千金，甘冒失去工作和婚姻的危險也要跟她短暫溫存。他們的攻勢愈激烈，她的價值也愈高。凱薩琳以往受到的屈辱，現在因為那群在驚嘆中與她擦身而過的男人獲得平反。在她超現實的劇院中，成功地報復了青春期受到的痛苦與挫折。

戴若的太太抱怨：「他連去哪用餐都搞不定，竟然還奢望把我綁起來？這是怎麼回事？」戴若平日不太敢聲張自己的想法，但卻在在他支配的幻想中獲得極好的療癒，他在高度儀式性且經過雙方同意的綑綁與支配劇本中，找到安全的方式來表現他的侵略性。他的願望被尊重，不必擔憂自己太過火，而他的男性氣概更帶給他人愉悅而非痛苦。

魯卡斯對自己的同志身分絲毫不覺羞恥，他在伊利諾南部的小鎮長大，當了幾年的偽異性戀者，戰戰兢兢地不讓人發現他真正的性向。他高中踢足球，甚至跟某位啦啦隊員發生關係，因為她主動向他示好，而他知道拒絕她會讓人對他的性向產生懷疑。現在的他三十幾歲，他說：「我兩腳抹油離開那個城鎮，這樣我就可以抬頭挺胸地當個同志，生命不會受到威脅。現在我會假裝成異性戀者走在阿奎納（Aquinnah）的天體海灘，讓某個男人試圖改變我。我只在可以跟人上床時才假扮成異性戀者，算我走運，想改變異性戀男的同志很多，所以我每次都可以達陣得分！」

艾彌兒從不劈腿，他說：「我的女友不斷，我是說真正的女朋友喔，是可以在一起的心愛女人。我和艾西亞已經在一起五年了，以前我們的性生活很精采，但自從半年前有了寶寶後，她就不像過去那麼想做愛了。我必須使盡渾身解數來誘惑她，有時連誘惑都不管用，多數時間我都自己解決。」艾彌兒最喜歡的幻想情節，就是一次跟兩個女人做愛。「這讓我成為關注的焦點。」

很多異性戀男人的性幻想主題是性欲超強的女性，她不需要被求愛、被哄騙，更不需要培養做愛情緒，因為她永遠處在這種情緒中，她不說：「我們有那麼多事要做，你怎麼可以想到那檔子事？」她會說：「我還要，我還要嘛。」她不會讓他感覺想做愛是件壞事，因為她也很想要。當兩個法國女傭邀請你上她們的床，可以確知兩人都不會說：「親愛的，不要今晚，我好累喲。」

性幻想是變態心理？

直到現在，性幻想在一般人心中的評價仍然不高，是基督教眼中的罪惡，而在現代心理學中，竟成了欲求不滿和不成熟者專屬的變態心理。許多人還是相信幻想只是因為欲求不滿、缺乏勇氣、發展受抑制或其貌不揚，導致欠缺機會才做這種有氣無力的補償行為。他們相信性幻想反映我們希望在現實中發生的事。

「如果我老公真的喜歡我，就不需要看著波霸的照片。」一位妻子抱怨。

「當我幻想別的男人強暴我的時候，感覺好像背叛我男友。什麼樣的女人會想被強暴？」另一位患者表示。

我也曾經狹隘地以為幻想是窮男人的麵包，是缺乏感官刺激者的食糧。我一直被教導把幻想當做精神官能症、不成熟的象徵，或是被染上情欲色彩的浪漫理想，使人看不到伴侶的真正身分，也削弱了現實的關係。我被卡在想像和真實的邊界，從鑽研情欲心靈的複雜性轉移開來。我會好奇地問患者有關他們的幻想生活，雖然他們告訴我，我還是不曉得如何應用這類資訊。這就像觀賞一齣沒有字幕的俄羅斯長片，完全不曉得在演些什麼，雖然我能領會攝影手法的美。

這些年來，這個領域的思維已經進化，我們現在將幻想視為健康成年人在性欲方面的自然成分。從幾乎將幻想看做私下的強迫性欲望（或是少數未得到滿足之人的變態願望）向外擴大，諸如邁可・傅柯（Michel Foucault）、喬治・巴塔耶（George Bataille）、埃瑟爾・史派克德・佩森

（Ethel Spector Person）、羅伯・史托勒（Robert Stoller）、傑克・莫林、麥可・貝德等數十位哲學家與臨床醫師的集體著作，為掌握情欲想像的深度和豐富性帶來深遠的改變，包括什麼是情欲想像，以及它能做些什麼。

我在執業過程中，逐漸把幻想視為「個人或夫妻共同培養，且可供想像的寶貴資源」。悠遊在想像中的能力，是個人自由的純然表達，是協助我們超越現實的創造力。幻想偶爾使我們跳脫關係，成為治療性欲喪失的良方。簡單來說，愛和溫柔因為想像的刺激而變得豐富。

性或其他幻想，具備了幾近神奇的療癒與更生力量，例如幻想乳房回到被切除前的狀態，或者因事故而不良於行的雙腳能再度行走。幻想反轉青春，讓我們短暫成為過去曾有或從未有過的無瑕、堅強、美麗的樣子。幻想讓我們站在逝去愛人的面前，或者喚回與伴侶激情做愛的記憶。我們透過幻想修復、補償和轉換內在的世界，有那麼一些片刻，我們超越了生活現實、死亡現實。

我聆聽與探測得愈多，也愈能體會幻想的敏銳度，包括它的能量、想像效率、療癒特質和心理力量。幻想，將獨一無二的個人歷史與廣泛的集體想像結合。所有文化都會使用誘因和禁令來傳達哪些東西叫做性感（想想《美國偶像》），哪些東西又屬於禁忌（想想輔祭男童被性侵）。我們的奇思妙想，為「可能」和「准許」間的鴻溝搭起橋梁，幻想是煉金術，把混亂的心靈元素，變成純金般的情欲覺醒。

在我和夫妻合作的過程中，性幻想也提供個人內在生活與夫妻關係交互作用的豐富資訊，我們的心靈利用幻想，巧妙地克服欲望與親密關係周遭的各種衝突。前文提到的麥可・貝德，在其辛辣的著作《引動》探討幻想的潛在影響，他解釋，我們在情欲的聖域中，找到安全的心理空間，解除在內心翻攪的禁忌和恐懼。幻想使我們得以透過意識、文化和自我形象，抵銷或解除加諸在身上的限制。

我們可能感到不安全和沒有魅力，但在幻想中，我們卻可以讓人難以抗拒。一個退縮的女性，在幻想中可以是永不饜足的。我們可能恐懼自己的侵略性，但在幻想中可以力大無比，卻不必擔心傷害別人。我們可能不敢發問，但在情欲想像中，對方可以不等我們開口就知道我們的需要。我們可能覺得不該做愛，但在性幻想的過程中，就可以向好色的對方屈服，而不必承擔責任，那是他想要的，而不是我們想要的。

幻想，在提出問題的同時提供解答，那是熱情的空間，使原本恐懼受約束的我們變得肆無忌憚；使羞恥心成為好奇、羞赧成了堅定自信，而無助則成了最高統治，這是多令人輕鬆的事啊。

然而，幻想並不總是採取精心製作、照本宣科的情節。很多人認為如果不用小心安排的情節和精心刻畫的人物幻想，那根本不是幻想，女性尤其如此，她們在性方面通常似乎比較難擁有自己的想法。我的患者克勞蒂亞曾鉅細靡遺地形容她希望老公用什麼方式接近她，誘惑彷彿舞蹈般，在一整天當中緩慢、逐漸展現，有挑逗的對話、後頸部的輕吻、溫柔的觸摸、溫暖的微笑和媚眼凝視。

「我要他避開胸部，觸摸我的手臂，我要他挑逗我，我要他曖昧地欲擒故縱。我想要自己開口要求他摸我的胸部。」她解釋。

「那，如果他照做呢？」我問。

「我們就會有完全不同的性關係。」她回答。

二十分鐘後，我問到她的幻想生活，她明確表示：「我不幻想的。吉姆會，但我不會。他很熱中三P。」我聽完目瞪口呆，說：「妳說笑吧？妳對前戲和期待的描述根本就是幻想。當然不是現實，是吧？」

照我的想法，性幻想包括所有產生欲望、激化熱情的心理活動，這些想法不需要是生動逼真的，甚至不必有清晰定義，經常表達不清，感覺多於形象，感官刺激多於性感。幾乎每件事都可以進入情欲想像，記憶、氣味、聲音、話語、一天中的特定時間、質地等，只要讓欲望動起來的，都可以被視為幻想。

南西·佛萊戴（Nancy Friday）在著作《男性的欲望城國》（*Men in Love*）中寫到：「幻想是欲望、控制、逃脫和晦澀的地圖，是杜撰的航海路徑，操縱我們行駛在焦慮、罪惡、禁忌的礁石與魚群間。幻想是意識的結果，卻是對無意識壓力的反應，它迷人的地方不僅在多麼古怪，也是多麼可理解。每個幻想提供一幅幻想者一致的個性（無意識）圖象，即使他認為那只是一時興起。」

與自我形象衝突的情欲幻想

幻想的弔詭和你我腦中的情欲風景，提供內心深處最奇妙、也最坦白的樣貌。幻想表達自己真實的一面，而這是用其他方式很難取得的。我們赤裸裸地，用神祕方式傳遞最深層的願望。

然而，說到內在冥想，多數人口風卻緊得可以，即使是對自己的伴侶（或許跟伴侶更開不了口）。當親密關係揭露令人不安的隱私，絕口不談情欲就成了不變的規範，雖然我們暢談自己做了什麼，卻很少人願意透露自己在做某事時，內心在想什麼。

在最基本的層次上，我們的不情願源自單純的不好意思。多數人很早就被教導不可對他人傾訴自己的幻想，並將雙手遠離自己的身體。有些人接收到的訊息更嚴厲，把無辜的好奇變成持久不散的羞恥。我們被訓練要保持緘默，二話不說就對性抱持懷疑，也難怪我們在傳達最深層的思維時，充滿不自在。當我們向對方坦誠，就要冒著被嘲笑、被批判的風險，我的患者索雅說得好：「依照我成長的方式，不能喜歡性愛這件事，更別說是談論，因為那樣而上床的人全都是蕩婦和變態狂，所以我嘴巴閉得比什麼都緊。」

只要我們三緘其口，別人也不會談論。很多人獨自體驗性幻想（儘管公開的性無所不在）。因為我們不知道別人在想什麼、做什麼，所以無從比較，無從衡量自己正常與否，我們害怕與眾不同而淪為怪胎。

假如我們的情欲想像較保守，和外在人格的面貌較一致，就比較不會造成問題。在情欲想像中，每個人都有一些偏好，至少其中幾種是我們必須偷偷進行，而不會被良心發現的。懂得與妻子溫柔做愛的男人無須遮掩，同樣地，幻想愛人將十二朵玫瑰覆蓋在床上的女人也是。他們對浪漫的渴望，完全不會造成不自在或罪惡感。每個人都應該這麼幸運才對，小紳士與小淑女的想像如此體貼有禮，輕易就逃過內心的道德委員會。但是，情欲的心智很少是這麼溫良的。

引起情欲的事物經常跟我們偏好的自我形象衝突，或者跟道德和意識型態的信念衝突，所以才有渴望被主宰的女性主義者；將個人情欲融入創傷經驗的性侵害倖存者；幻想脫衣舞孃、女按摩師、脫星，以提高閨房情趣的丈夫；感覺和寶寶肌膚接觸，能帶來官能享受且激發情欲的母親；想像和心理病態男友火辣辣做愛的妻子（而且知道自己永遠不會嫁給這個人）；以及必須想到他在健身房看見的猛男，才能通過男友這關的愛人。

我們認為，產生如此淫穢的思想肯定是自己出了問題，認為這類幻想不屬於婚姻美滿婦女的情欲生活，主宰與物化是正派丈夫與父親心中容不下的禁地。

我們對情欲想像感到愈不自在，罪惡和羞恥感也愈明顯，內心的檢查員就愈有力量。拉夫跟雪倫共同生活十五年，兩人從各方面看來是很快樂的夫妻，但在一起沒多久，每次做愛時，拉夫就會幻想心愛的雪倫在漆黑的戲院被一名十七歲的辣妹取代。對拉夫來說，他的內心世界就像一場部族戰爭，一方是溫柔的愛人，另一方則是對女人上下其手的色魔。他坦承：「這跟我的形象不符。我絕不會碰十七歲的女生。我自認是正人君子，沒辦法跟這樣的形象連在一塊。我不可能向雪倫承認這點，我幾乎也沒辦法向自己坦承。」

各種不當的行為會激起情欲想像，包括侵略、野蠻的色欲、幼稚的需索無度、權力、報復、自私和嫉妒等，如果它們長久存在於伴侶之中，可能威脅到關係的穩定性，為愛情蒙上陰影，所以將它們驅逐到想像邊緣，到無法造成傷害的地方，是比較容易且明智的作法。進入情欲的前廳，人該有的應對進退被頭上腳下地翻轉，禮儀只供人踐踏。禁地不見了、性別亂了套、矜持走了調，權力的失衡被大剌剌地演示出來，凡事都只是為了獲得刺激（只要能讓人興奮就百無禁忌，刺激變成了唯一的正義）。我們在幻想中扮演現實裡不敢扮演的角色。

說不出口的「我想被征服」

瓊妮怨嘆：「雷伊以為我不喜歡做愛。但我是喜歡的，或者說以前喜歡，只是我不那麼喜歡跟他做。他沒辦法引起我的性欲，我好像也沒辦法讓他興奮，沒救了。我才二十九歲耶，停止性生活實在太早了啦。」

我問：「難道停止做愛還有所謂的適當年紀？說不定可以挑個日子呢。我想知道妳現在想從雷伊身上得到什麼，是他沒給妳的。」

「我要他更具男子氣概一點！我真不敢相信自己竟然大聲說出來了。」她搖頭。「我甚至不曉得那是什麼意思，彷彿我要他成為五〇年代的尼安德塔人可是我不想那樣啊。我媽以前就是這樣，我想我老爸從沒問她喜歡什麼，無論是在臥房內或外。雷伊是個好人，一個真正的紳士，他尊重我，不束縛我。我喜歡這種無拘無束的關係，但是這對性方面並無幫助。」

「少了什麼呢？」我探詢。

突然間，她把上身靠向我，信心十足但卻不粗魯地抓住我的手腕，說：「這是我要的。」然後她試探性地、溫柔地輕撫我的手臂，又說：「但這是我得到的。」

「意思是，他不主動？」

「倒不是這樣。每次都是他先發動，但他求愛的方式簡直把我逼瘋。他只是揚起眉毛，感覺在問我：『我今天晚上可以嘿咻吧？』然後，像把問題丟給我似的。」

「他接近妳的方式，不是在說我想要妳，比較像是『妳想要我嗎』，是不是這樣？」

「對！」瓊妮大聲說。

我向瓊妮解釋，如果我想瞭解她想從雷伊那裡獲得怎樣的性，必須先瞭解她希望性能提供什麼。我問她：「如果性是一場追尋的過程，那妳的聖盃又是什麼呢？」

瓊妮在揭露自己的性史方面相當坦然，包括她有過最好和最糟的經驗，以及背後的原因。她給我大量有關她成長的資訊，她的早期啟蒙階段、幾歲開始自慰，以及幾歲瞭解自慰是什麼。但是當我問她：「性對妳的意義是什麼？伴隨妳欲望的感受是什麼？妳想從性當中尋求什麼？妳想感受什麼？想表達什麼？到什麼程度妳會退縮？」

她一臉茫然望著我說：「不知道耶，以前從沒人問過我這些問題。」

每個人都帶著複雜的需求和期待，和另一個人在情欲上邂逅。我們尋求愛、愉悅和肯定，有些人在性當中找到報復和逃避的最佳場所，有人則是追求卓越和狂喜，甚至是精神的交融。瓊妮告訴我經驗史，而我要找的卻是歸屬感，以及她帶到這些經驗裡的衝突。

「我可不可以問問妳關於妳的幻想？」

瓊妮臉發白，說：「喔，老天，這很私密的。我現在和過去做了什麼，相較我心裡想什麼，根本就是小巫見大巫。」

「可是，這正是我想要的。我的感覺是，如果談談妳的幻想，說不定能夠直指妳跟雷伊的問題核心。」

經過一番好說歹說，瓊妮終於透露一堆放縱的、性感的，以及鉅細靡遺的香豔火辣場景，這是她早在青春期就一直構思的——牛仔、海盜、國王和小妾，在力量和屈服所建立的幻想架構中不斷出現，這些年來情節有所改變，但精髓還是一樣。最近的連載發生在她「丈夫們」的農場上，她還是老套地被當做性祭品呈獻給他們的雇工。這天晚上他們來了，她被告知要為晚宴盛裝，因為她將與他的屬下見面。丈夫（這是在她的人物描寫中的丈夫，那不是雷伊）替她挑選衣服，一套高貴、讓身材若隱若現的連身洋裝，連同其他搭配恰到好處的首飾，有吊式耳環、鑽石墜子在雙峰間擺動，還有細高跟鞋，他關注她外表的所有細節。晚飯後，丈夫要她為大家寬衣解帶，讓大家欣賞她的美。她照著做，即使她因這一切怪異但令人顫動的事而害羞，甚至覺得屈辱。她成了他們的俎上肉，但卻不試圖逃跑，那些男人也沒閒著，他們必須預期她的每個欲望，讓她享受前所未知的性愉悅。

「妳想知道我怕什麼？我怕自己是受虐狂，就跟我媽一樣。」她告訴我。

「妳在這故事中，是個怎麼樣的被虐待狂？」我問。

「我順從、被動、沒有自己的意志，人家叫我做什麼我就做，我也喜歡接受指令。我到底在幹嘛呢？是接受男人的命令嗎？我痛恨被任何人支使。我無法忍受權威，而我卻得順從一堆牛仔？根本狗屁不通。」

「事實上，我認為還滿說得通的。」我告訴她。

「喔，那可否請妳開示，醫生？」

我解釋，性幻想的性質不同其他幻想。如果有人告訴我，他們做了到大溪地度假的白日夢，我相信他們是想到大溪地度假，他們幻想的和真正想要的，兩者間的關聯簡單。但是性幻想並不以相同方式反映現實，重點在它涉及假裝，是一種模擬、表演，而非事實，也不盡然是對真實事情的欲望。

幻想就像夢境和藝術品，遠超過它們的表象，是複雜的超自然創造。這類象徵性的內容不能被翻譯成字面上的意圖。

「把它想成是詩，而非散文。」我告訴她。

從瓊妮說她和雷伊之間的每件事看來，我認為她沒必要擔心變成被虐待狂，或甚至不必擔心自己是被動的。牛仔或許控制了她，但她才是控制牛仔的人，她是作家、製作人、選角經紀人、導演和演員，這齣戲由她主演，目的是為了愉悅而非痛苦。那些男人都是朝聖者而非虐待狂，如果她真的是被迫的，就不會如此樂在其中。就算控制是手段，但她感受到的卻是關注，情節的峰迴路轉，都是通往愉悅的安全路徑。

我向瓊妮解釋，她的幻想似乎是因為她期待關注和個性脆弱，她明顯鬆了一大口氣。從她酗酒的狀態來看，她確實有依賴的問題。她一直否認她這一生都需要支持，哪怕她暗中盼望某人能照顧她。她唯一感覺安全而足以仰賴的就是酒精，那才是她不離不棄的可靠朋友。講白一點，酒精從不要求任何回報。

十三歲時，瓊妮主動申請進入寄宿學校，結果被錄取，從此離家生活。當時她自認是個雄心萬丈的女孩，現在回想才恍然大悟，原來這是為了逃避需求和資源的分配不均，而這樣的分配卻主宰她家的感情經濟體。這些年來她發展出堅固友誼的網絡，在許多方面帶給她養分，但是到頭來，無論寄宿學校、職業生涯、酒精甚至朋友，都無法保護她免於無可避免的依賴，或遠離親密愛情必定陷入的脆弱泥淖。

後來，雷伊出現了，照他自己的說法，他是個「肉和馬鈴薯男」（a meat-and-potatoes man），很務實、可以養家活口。他是成功社會化的理想男性，獨立自主、有能力處理自己的問題。他跟瓊妮當時交往的對象不同，後者通常處於掙扎中，只顧自己死活，動輒出軌，是個酗酒的藝術家，動不動就說：「別急著定義我倆的關係，難道就不能走一步算一步嗎？」以及「就是因為我喜歡妳，才不能跟妳在一起。」

那位藝術家逃避感情，而雷伊則擺明對瓊妮感興趣，他答應打電話就一定會打，從不遲到，而且會為了兩人的約會費盡心思。瓊妮說：「他真的把我的話當一回事。他問有關我的問題，而且記得答案，我已經習慣跟某人上床半年，卻從不討論兩人的關係或未來如何，但雷伊就不會耍那種花招，他喜歡我，而且不怕說出來。」

雷伊的坦蕩蕩、始終如一、不吝於表達感情，在在使瓊妮感到平靜與安全，這是過去沒有過的交往經驗。她覺得他光憑直覺就知道她要什麼，這種能力實在太可愛了，加上他似乎無所求，這點也加分。

我告訴瓊妮：「有個男人預期到妳的需要，這是多不可抗拒的誘惑啊！這持續了多久？」

「沒多久。我覺得這陣子以來，我得不斷向雷伊提出各種要求，有時還得說兩次。真受不了。」她回答。

「啊，所以妳想著有牛仔來救妳了，妳還不必要求他們兩次哩。」

在治療過程中，瓊妮激烈反對表達自己的需要，程度之強一再令我震驚。因為有被關注的需要，使她感覺受辱和被征服。這當中有種極端的成分，而我也能理解她的牛仔幻想，如何不偏不倚正中情感的核心問題。在她色彩繽紛的情欲故事中，任由他人宰割而沒有她所恐懼的無力感，這個特別的腳本（和她其他每個幻想）讓她迴避依賴帶來的無助感、憤怒、屈辱等危險。

還有一個重點，她在現實中痛恨自己擁有的特質，正是她吸引別人的原因，而在心靈庇護中，她把被動轉成情欲的喜悅，力量成了關注的表現，風險和安全因此重新結合。

瓊妮在各方面被「依賴」的後果征服，她的匱乏則是悲慘的，她的解決之道就是用被虐待的誇張描述來放養她的幻想，那些力大無窮的男人，沒有弱點也無需照顧，他們不會東問西問，只一味地接受，瓊妮因此擺脫社會認定女性必須照顧他人的命令，盡情表現對性的渴求。

溫和的侵略

情欲幻想有種超自然的力量，能一次解決一個以上的問題。儘管瓊妮的幻想說明她個人的衝突矛盾，但也回應一個整體來說禁止女性性欲的文化，這個文化過去大規模地投入時間與精力，以確保女性性欲不致失控。值得讚許的是，女性不斷克服這項禁令，凡是有新的禁制令，她們的想像也更有抗拒力。

意識中，瓊妮認同她故事中的女性，但她也創造了男性，而且細節一應俱全。事實上，所有角色都由她來扮演，她知道性掠奪者的意義，瞭解色欲和冷酷無情。從代償的角度來說，她透過牛仔來感受侵略、自私和力量，這些特性在她的心目中被歸屬於陽剛，以至於只能透過男性角色表達。

許多女人認為，模擬被迫接受的誘惑，為性侵略提供了安全的出口。女性採取性侵略，和文化中認定的女性特質有著嚴重衝突，導致我們只能透過想像來抒發，讓杜撰的攻擊者表達許多女人不願表達的侵略性。

有許多女性曾遭受性虐待，這對幻想被強暴來說，是令人心寒的背景，但這些想像情節中的突襲並非真實，很少女性會把黑眼圈或淌血的嘴唇融入情欲想像中。性治療師傑克・莫林指出，幻想裡的強暴者明顯是非暴力的，暴力在幻想中被以溫和的方式顛覆，女性透過這樣的方式，安全地體驗「健康的主宰和投降」所帶來的喜悅。

不再因性幻想而感覺羞恥

我執業的目標是創造一個對性友善的地方，免於批判和道德化，人們可以毫無顧慮地談論自己的性欲，這麼簡單（但其實往往一點也不簡單）就能帶來深度效果。性被用來照亮衝突，而非親密和欲望，也是著手療癒這些具破壞性分裂的方式。

瓊妮和我一起運用她的幻想情境，來處理她和雷伊的關鍵問題——依賴和被動、侵略和控制，這些都是她多年來矢口否認的感覺，只在內心的私密處才能存在。她在治療中收回這些感覺，也使她離在家中解放更進一步。

瓊妮不再因為幻想而感到羞恥，她愈來愈放鬆、愈來愈能接受自己。令她驚訝的是，她竟提出各種接近雷伊的要求，而只感到一點點驚恐，他們就會開始溝通。這使原本難以克服的障礙被揭露，結果發現都只是令人尷尬的誤會，卻因為無知而愈滾愈大，終至難以收拾。

多年來，雷伊一直以為瓊妮就是要他用溫和的方式接近她，他以為每個女人都喜歡這樣。而他也不懂為什麼當他問「我能為妳做什麼」，卻往往招來「什麼都不用」的不爽答覆。他有所不知的是，對瓊妮來說，在性方面受到關照，指的是在沒有罪惡感的情況下拋開一切責任，縱情享受被動依賴。他們來找我時，兩人的互動已經脫軌，她的拒絕引發他的焦慮，而他的焦慮又招致更多拒絕。

當瓊妮請雷伊大聲說出自己的想法並引導他自己，對兩個人而言都是種解放。他頭一次感覺有容納各種感受的餘地，而不光只是「溫柔」一種感覺。

雷伊對瓊妮的勇於表達給予正面回應，這點令她相當訝異，就連宣稱自己的欲望是消極被動，對她而言也是前所未見的嘗試。她像許多女性一樣，把大膽表達女性性欲看做是淫蕩、缺乏魅力、自私的行為，也當然不屬於親密愛情的成分。她說：「我擔心如果要雷伊『做這個，別做那個，慢一點、久一點，像這樣、這樣跟這樣』，會讓他感覺失去主導權。」

瓊妮順從雷伊所有關於性方面的判斷，期待從他身上找到知識和技巧，同時忽略她自己的部分。她完成女性長久以來的任務，亦即保留男人的自我，讓他做個面子十足的男人。至少她是這麼以為。

她的假設被證實是錯的，因為雷伊被她的幻想甚至需求引起興趣。對他來說，有個女性與他在性的方面平起平坐，去除了猜測的負擔，以及長期不確知自己是否做對的不安全感，這是很值得高興的事。當她變得更友善時，他不必擔心她，而她那種意在安撫的溫吞回應，也不再讓他覺得自己不重要。她的愉快，容許他提出自己的要求，並和心愛的女人一起盡情體驗任性。

瓊妮從沒跟雷伊提過幻想的明確內容，但是挖掘這些幻想背後的意義，卻使他們的性關係和情感獲得顯著改變。一旦瓊妮知道她想在性中尋找什麼，一旦她瞭解讓她無法獲得愉悅的個人和社會障礙，她就能用和以往不同的方式接近雷伊，並回應他。她說：「既然我清楚性對我的意義，以及我想有什麼感受，我就可以跟雷伊談論性，而不必將我的幻想全盤托出。我現在不害怕做這些事了，沒有什麼是我引以為恥或無法面對的。」

探索性幻想

有些夫妻藉由分享文字或行動的幻想為情欲充電，凱薩琳跟丈夫在幫香豔火辣的獨幕劇計畫細節時，就策畫猥褻的情節。這是件有趣又新奇的事，讓他們不需改頭換面就可以變成另一個人。換言之，它在一夫一妻制中創造出一夫多妻或一妻多夫。但是，不是每個人都想買票進入這間誘人的戲院。

揭露並不是處理幻想的必要部分，我不主張全盤說出，畢竟不是每個人都選擇生活在《真實告白》（True Confession）這部電影的氛圍中。

我們或許不想讓別人知道自己的想像，這倒不是因為羞愧，而是覺察到幻想暴露在明亮光線下，將會早夭。另一方面，獨自一人做夢才是明智的，因為我們難以和心愛的人處在恰恰好的情欲波長上。

以奈特和女友阿曼達為例吧，奈特的幻想並沒有被好端端地安置在他腦袋的私密處，從一堆錄影帶大剌剌地疊在架子上就知道了，他對色情片的品味是無庸置疑的。他從不覺得有必要隱藏，但也沒有公諸於世的欲望。

他說：「對我來說就像戀物崇拜。我認為一般人都不理解自己這方面的傾向，例如我就完全想不透，為什麼有些人喜歡蒐集鞋子？早在十幾歲時，我就開始看色情片了，這無關實際的性生活。」要不是這些錄影帶困擾到阿曼達，奈特搞不好還輕鬆自在地悠遊在他私人的異想世界中。（不過他必定想過，把這些錄影帶放在顯眼的地方，將引起爭議。）

阿曼達說：「我不看暴力片，怪恐怖的，這碰觸到我身為女性的脆弱。這當中有病態的成分在，對吧？」阿曼達認為，影片裡的男性往往擁有絕對力量，利用手無寸鐵的女性。

奈特的看法卻完全相反，我問他：「誰才有力量？」

他立刻回答：「當然是女性啊。」對他來說，最性感的女性是欲求不滿、在性方面具無比力量的，她能同時搞定好幾個男人，這與愉悅、強迫和傷害都無關。他強調：「她想要，而她也喜歡。如果她不喜歡，我會立刻沒力。」

奈特的解釋讓阿曼達放心不少，那些電影變得不那麼令人作嘔，然而螢幕上的女性跟她截然不同，這點依舊傷害了她。「我鬥不過這些女的，如果他喜歡這個調調，又怎麼可能從我身上得到滿足呢？」阿曼達在看那些影片時，腦袋只想到這些電影中有關她的暗示，而不是它們傳達了關於奈特的什麼，於是她有種被拒絕的感覺。

「這些女的確實挺性感的，」他承認。「當我見到一個女孩穿著緊身上衣和皮短裙，足蹬靴子走在街上，嗯，的確會讓我心癢癢。但是，我想跟那個人共度餘生嗎？才怪。我想危及我跟妳的關係，跟那個人嘿咻嗎？才怪。以前我有沒有被這些人吸引而上床過？有的。我跟他們當中的任何一位發展長期關係了嗎？沒有。我認為我有能力分辨哪些人是玩玩即可，哪些才是我真正愛的，我認為我的成熟足以處理那個概念。我對妳的感情完全不同。」

我請阿曼達思考，奈特之所以興奮，是因為他幻想中的那些女人都不真實。就是因為沒有心理情結才引燃他的欲火。因為，如果這些女人真實存在，如果她們有感情、需求、不安全感和個人意見，那麼就算擺滿一整櫃子的靴子也起不了作用。複雜的人格在這些幻想中明顯被窄化，他得到他想從她們身上得到的。色情片中的女人一定要相當空洞（亦即物化），才能吸收他想像的投射，並滿足他的需求。

奈特讓貪婪女妖的形象突然出現。對瓊妮來說則是牛仔，我們的幻想往往住滿這些不受束縛的性欲化身，有了他們，我們就可以體驗簡單的喜悅或不可壓抑的色欲，不受成人親密關係的糾纏。這些令人愉快的陌生人，幫我們迴避欲望的混沌和愛情的偶發事件。

男性為男性製作的異性戀色情片，幾乎都與社會學家季登斯所謂「低度情感，高密度性愛」有關，一方面符合許多男人把性和感情分開來的需求，並且將穩固的關係與一時衝動分開。

但它也提供一個不是立即明顯的目的。雖然反對色情的人主要把焦點擺在男性性欲的侵略和暴力，季登斯卻表示這些故事展現的男性生殖力，只證明了男性對於性的不安全感。色情片中許多女性的角色（她們本身並不脆弱）中和了男性的脆弱，因為她們總是反應激烈且完全獲得滿足。男人不必為自己的缺陷煩惱，因為女人處在欲仙欲死的狀態，而那完全拜他所賜，是她確認他的男子氣概。

奈特聆聽我對色情的初步解構，我感覺到他巴不得趕緊落跑。他不認同色情片其實反映出男性對性的不安全感，但他承認自己需要不受感情拘束的區域，性在那裡可以是原始且沒有負擔的。在那裡，他的所有脆弱、缺陷和依賴性，都暫時被擱置一邊。

要不是錄影帶就在那裡，我大概不會主動針對奈特的觀賞習慣提出如此深入的討論。奈特和阿曼達在一起的時間並不長，他們還在進入正軌的階段。通過兩人感情的各種面相，我感覺阿曼達的不安全、偏見和對美感的要求，會使她很難接受奈特因色情片而興奮，而不感覺被威脅。

至於奈特，他對阿曼達的敏感並沒有特別強烈的反應，他不太在意這些錄影帶對她的影響，而且故意含糊其詞。他太愛她了，所以無法用那種方式激發她的情欲，這種論點實在太詭譎。暴露一個人內在的情欲世界，需要的敏感度和說話技巧多於奈特所展現的。同樣地，進入伴侶的幻想世界需要的分離感，多過阿曼達鼓起勇氣所能達到的程度。

有些人從窺看伴侶的祕密想像而達到亢奮狀態，但對有些人來說則是一場災難，不僅沒能使兩人的情欲更豐富，反倒造成傷害。

邀請某人進入我們情欲心靈的最深處，其實要冒滿大的風險。當幻想未能被對方完全接收，極有可能會產生巨大的摧毀力量。但是當對方接收的方式讓我們感到被認同和接納，我們就會放心不少。

幻想本身或許無法讓人產生親暱感，然而揭露幻想內容，卻表達並鼓勵深層的愛與信賴。

在此同時，進入另一個人的情欲心靈圖譜需要花力氣理解，加上相當程度的情感分離性，或許我們不喜歡自己所聽到的，也或許我們不覺得那樣性感，這種具憐憫心的物化談何容易，尤其是在情欲這個方面。

如果因為我們不熟悉的事物而激起伴侶的欲望，誘惑就是先判斷再問問題（如果有問題的話），一開始的開放式詢問，可能很快就退化成彼此防衛的退縮行為。

當情欲感知自己遭到批判，就會找地方躲起來。它不再是私人的情欲，而是祕密的情欲。

我贊同隱私，主張揭露自己的性事應該謹慎行事。探索一個人的性欲，不等於將它公諸於世，承認需要也不代表要分享細節。把情欲的一面帶進親密關係的方式有很多種，這些方法並非全然要求話語或文字敘述，如何處理端視個別狀況和伴侶的相容性。

我們的文化嚴格禁止情欲幻想，以至於討論情欲幻想就會引起許多人的焦慮和羞愧。然而，幻想標示出心理和文化揮之不去的陰影。

探索幻想可能增進自我覺察，這是創造與與改變不可或缺的一步。當我們在情欲的本質外圍繞上警戒線，性愛就被掐頭去尾，死氣沉沉也不太親密。人們沒能看到的是，乏味、無趣的性關係，往往是關閉想像所造成的後果。

情欲的想像是生命力的奔放表現，也是維持情欲活力最有力的工具，向幻想發聲可以讓我們擺脫個人和社會的諸多障礙，而這些障礙正是我們感受不到愉悅的原因。瞭解幻想能為我們做什麼，就能幫助我們瞭解自己在性和情感上追求什麼。

我們從情欲的白日夢中找到能量，它讓我們抱持熱情，意識到自己的性欲。

問：天長地久的關係，有任何祕密嗎？

答：那當然。不是行動本身，而是它的威脅。對普魯斯特來說，營救被習慣毀壞的關係，唯有注射一劑嫉妒。

——艾倫·狄波頓，《追憶似水年華》（Alain de Botton, *How Proust Can Change Your Life*）

婚姻生活的束縛如此沉重，需要兩個人來承受，有時是三人。

——大仲馬（Alexandre Dumas）

第十章

第三者的陰影：

忠誠的省思

集拉比（猶太神職人員）傳統之大成的《塔木德經》（*Talmud*），說了以下的寓言：

每天晚上，拉比巴阿喜（Bar Ashi）會跪倒在仁慈的上帝面前，祈求從邪惡的性衝動中獲得救贖。他的妻子無意間聽見，心想：「他早在好幾年前就不碰我了，為什麼會那麼講呢？」於是有一天，當他在花園讀書時，她把自己假扮成哈魯塔（Haruta，古巴比倫名妓的名字，這個字在希伯來文也意謂「自由」），與他在那裡相遇。

「妳是誰？」他問。

「我是哈魯塔，」她回答。

「我要妳。」他命令。

「到最高的枝子上，摘一顆石榴給我。」她回他一句。

他摘了石榴給她，於是得到她。當他回家，妻子正在弄爐火，他起身，做勢要跳進火爐裡，她問：「為什麼要這麼做？」

「因為我與一個女人發生了關係。」他承認。

「那是我啊。」她回答。

「但是，我還是做了不該做的事啊。」

堅若磐石的一夫一妻制

當兩個人成為一對的那一刻起，就開始處理「界線」的問題。換言之，哪些在界線內，哪些在界線外。你從許多事情當中選擇其一，在幸福快樂的婚姻四周畫線，但問題來了：哪些事是可以隨意單獨去做的，哪些必須分享？必須同時上床嗎？你會不會每年都到他家過感恩節？你們有時會把這些事搬上檯面討論，但是更常透過嘗試錯誤得到答案，你明白到哪種程度前都不會觸動敏感神經。或者被懷疑為什麼不要求他加入你？應該一起去旅行嗎？

一個眼神、一句評語、一個受傷的沉默，都是有待詮釋的線索。我們憑直覺判斷與對方見面的頻率、多常交談、該分享多少事。我們仔細審視各自的交友狀況，在有了彼此後，決定這些朋友的重要性。我們跟舊情人畫清界線，我們會去瞭解他們的現況、談論他們，或與他們見面嗎？

我們用或明或暗的方式，界定私密區與公共區。這一切界線和管轄區，全都源自於「忠誠」，因為忠誠比其他的一切更能確認兩人的結合。

傳統的一夫一妻被視為一輩子只能有一位性伴侶，就像天鵝和狼那樣，如今一夫一妻則代表一次擁有一位性伴侶。（即使是天鵝和狼，也只是外表看似一夫一妻罷了。）結了婚又離婚的女人，單身一陣子，結交好幾個愛人，再婚，離婚，而後梅開三度，只要她在每段關係只跟一人發生性關係，還是符合一夫一妻的標準。然而把一輩子奉獻給同一個女人五十年，卻准許自己在第十五年來個一夜情，就會立刻被視為不忠誠。只要偷過腥，你就偷過腥了。

鮑伯．狄倫（Bob Dylan）有首歌唱道：「處在變動中的時代。」[10]過去五十年來，我們敞開心胸去接受多元的見解和家庭結構，同時接納異性戀、同性戀或雙性戀的婚姻；我們可以是單親父母、繼父母、養父母，也可以當頂客族。各種形式的婚姻和混合家庭見怪不怪，我們可以同居而一輩子不婚，或者來個遠距婚姻，一段時間才相見。由於深知婚姻不可靠，因此現在有了婚前協議和無過失離婚（No Fault Divorce）[11]，這些約定重新畫出夫妻內在、夫妻與外部世界的界線。然而，無論我們對婚姻的態度多有彈性，但仍然堅持著一夫一妻的制度。

除了電影明星、老嬉皮和追求時髦者等少數例外者，我們依舊堅守單一性伴侶的觀念。照道理來說，在一夫一妻制之下發生的外遇，要付出某些代價。巴西籍的家庭治療師蜜雪兒．山克曼（Michele Scheinkman）說：「美國文化對離婚有著極大的容忍度，殊不知離婚代表忠誠關係完全崩解，而且對整個家庭造成痛苦的影響。但是，美國文化對性的不忠實卻完全不具容忍度。」我們寧可扼殺一段婚姻，也不願質疑婚姻的結構。

我們對一夫一妻制深具信心，很少公開討論這個議題，尤其以異性戀夫妻最明顯，因為既成事實沒有討論的必要，即使願意用各種方式探測性欲，往往也不願意在單一性伴侶上讓步。一夫一妻被認為擁有絕對的品質，照這種思維方式看來，你不可能大半時間是一夫一妻，或者百分之九十八是一夫一妻，或者一段時間為非一夫一妻。探討忠誠度暗示那是可以公開討論的，不再是非要怎麼不可，但背叛伴侶一向沒什麼好分析的，我們習慣以拒絕來迴避這主題。人們總是擔心，即使盔甲上最小的縫隙，都會引來索多瑪（Sodom）和蛾摩拉（Gomorrah）[12]般的毀滅。

儘管首次結婚的離婚率達百分之五十、第二次結婚離婚率高達百分之六十五；儘管外遇時有所聞；儘管一夫一妻制這艘船下沉的速度比任何人跳船的速度更快，我們對婚姻架構的健全與否，依舊抱持絕對的信心，緊抓住殘骸不放。

10 出自《The Times They Are A-Changin》。

11 無過失離婚：要求離婚的一方配偶無需證明對方有過錯，而只需簡單說明夫妻雙方無法繼續共同生活，就可獲取法庭的離婚判決。一九六九年，美國加州成為美國（乃至西方世界）第一個適用無過失離婚的州，在此之前，離婚的唯一方式是證明配偶存有過錯或因其不當行為而導致婚姻完全破裂。一般情況下，准予無過失離婚的理由通常為：無法相處（Incompatibility）、無法協調的差異（Irreconcilable Differences）、或婚姻完全破裂（Irremediable Breakdown Of The Marriage）。

12 索多瑪和蛾摩拉是《聖經》中的兩個城市，居民不遵守上帝的戒律，充斥著罪惡，因而被上帝毀滅。

我是否獨一無二

歷史上，一夫一妻是為了控制女性生殖力而以外力加諸的制度。像「哪個孩子是我的骨肉」這樣的問題，代表著忠誠是父系社會的主流，與宗脈和財產有關，而與愛無關。在現在的西方，忠誠度則與愛情息息相關。當婚姻從契約協議變成一種心意，忠誠也就成了雙方對愛情和承諾的表示。忠誠曾是針對女性的社會禁令，如今卻成了兩性的個人選擇，換句話說，堅定信仰取代了約定俗成。

對女性來說，我們成了自己的媒婆，我們不再被迫嫁娶，我們有了新的理想，而且要的還真不少。我們渴望得到的事物依然包括傳統家庭提供的一切，像是安全感、子女、財產、尊重等，也希望被男人疼愛，被男人渴望。

當兩個人成為密友、死黨和熱情如火的伴侶，現代婚姻承諾我們，有個人就在那兒，只要你找得到這個人的話。所以，我們死守一個觀念：結婚代表了一切。對婚姻不再抱任何希望的人之所以選擇離婚，不是因為他們質疑婚姻機制，而是認為自己選錯了一起進入極樂世界的伴侶，所以下個男人或女人會更好。這樣一來，重點永遠在我們愛的對象，而非我們愛人的能力。心理學家恩瑞奇．佛洛姆（Erich Fromm）說：「我們以為愛人不難，難就難在找到對的人，一旦找到那個人，我們就不需要別人了。」

一夫一妻制當中的排他性，源自我們和主要照顧者的最初經驗。

女性心理分析師南西．曹特萊（Nancy Chodorow）說：「我的身體、我的存在，我將永遠被愛，不論在什麼地方，用何種方式，不會受到任何批判，我不必花任何一點力氣。這就是所有情欲鬥爭的最終目標。」

我們在成人的愛情中，尋求重新掌握從母親身上感受到的最原始的單一，嬰兒沒有人我之別。我們記得曾經有那麼一個人，他的唯一角色是在我們需要時，陪在身邊。母子緊密相連，母親就是新生兒的一切，不分彼此。她的皮膚、乳房、聲音、笑容，一切只為孩子而存在。當我們身為屁股粉嫩的寶寶時，內在是滿足的，所以我們內心深處從未遺忘那座伊甸園。凡是不知道這田園詩般光景的人，凡是母親不在身邊、矛盾不一致、老是缺席或自私的人，往往更堅持想找到完美的伴侶。

還有一個問題。難道某人完全屬於我的境界，不是幻想嗎？母親是孩子生命中唯一重要的人，但她總認識其他人，甚至有個會嫉妒的愛人，就是爸爸，所以媽媽從來不是完全忠實的。因此，如影隨形的恐懼背叛，打從一開始就存在了。我們隨著這個恐懼一起長大。現代生活的孤立，加深了隱藏在浪漫占有的背後，一直隆隆作響的不安全感。害怕失去和被遺棄，使我們緊抓著忠誠，不願放手。

在事事皆可拋棄和精簡的文化中，我們確認了自己很容易就被取代。我們對主要關係的安全感需求只增不減，愈覺得自己在世上是渺小的，就愈需要讓伴侶眼睛為之一亮。我們想知道自己是重要的，而且對一個以上的人來說是無可取代的，因為我們渴望感覺自己是完整的，渴望跳脫孤單的牢籠。

或許，這就是為何我們絕對堅持單一性伴侶的原因。因為成人的性愛突然重演早期融合的最原始形式——肉體的合一、塞了滿嘴的乳頭，並且讓我們感覺徹底滿足——於是一想到心愛的人跟另一個人在一起，就感到天崩地裂。我們認為「性是最終極的背叛」。

一夫一妻是浪漫理想的神聖標記，是象徵我們與眾不同的記號，亦即我被選擇，而別人落選。當你對別的愛人不屑一顧，也就確認了我的獨一無二；而當你的手或心不安於室，代表我的重要性岌岌可危。如果我不再覺得你特別，我也會開始對別人好奇。

幻想破滅的人傾向漂泊，總是想，會不會有哪個人能使我恢復往日的重要性呢？

外遇，但卻不想結束婚姻

道格和第一任老婆是在大學認識的。他們是好朋友，但性生活總是平淡無奇。最後，性和婚姻都以失敗收場。他陸續又談過幾場轟轟烈烈的戀愛，他在性方面如一尾活龍，但情感上卻交了白卷。然後他認識佐伊，一位精力旺盛、個性開朗的網路藝術家，擁有他所謂的「低神經商數」。他說：「絕無僅有，她踏實、務實、床上功夫一流。我想我中了結婚頭彩囉。」

結婚幾年後，她的熱情不再，但還是精力旺盛，只是把大部分力氣轉移到別處。孩子需要她的關注，工作吸光她的創意，而規模特大號的家族則是她社交生活的樞紐，包括父母、五位姊妹和她們的孩子們在內。道格感覺被冷落，少了性把他與妻子的各種忙碌角色區分開來，他感覺自己愈來愈無足輕重，像是個多餘的人。

接下來幾年，道格的急躁日益升高，因為短暫誘惑而得以暫歇。他突然帶佐伊度過浪漫的週末，細心挑選每個禮拜的DVD，買她最喜歡的垂吊耳環討她歡心。大體來說，佐伊好比獵物，但道格愈是追逐她，就愈覺得不努力不行，這點令他有些喪氣。所有煽動情欲的舉動，也沒能讓他點燃兩人之間的烈焰。他愈努力填補兩人間的空隙就感到愈空虛，於是他的眼睛開始游移，等到終於聚焦時，卻不是在佐伊身上，而是娜歐米。

這位紅髮、外表亮麗的零售業採購人員，完全不吝於表達對道格的愛慕。她會找藉口到他的辦公室，進去後又遲遲不肯離去。道格把她老闆弄得服服貼貼，這點令她印象深刻。她喜歡道格的西裝，也總是注意到換新眼鏡這類小問題。於是，三明治變成一杯酒，之後演變成為期五年的婚外情。

他們的性愛火辣辣，但這不是外遇的重點，重點是大量的關注，以及違背社會規範的快感。一向是男性關注焦點的娜歐米，面對道格卻難以抗拒，她每到週末就想念他，嫉妒他擁有的另一個生活。雖然她的占有欲花去道格不少力氣，有時甚至滿煩人的，但這也確認了他的重要性。

道格來見我時，對生活中的各種矛盾幾乎無計可施。他的婚姻原本該是一夫一妻，但事實上卻不是這樣。他的外遇不久前終於結束，因為他達不到娜歐米要求的忠實。他告訴我：「說起來滿荒唐的。娜歐米要我別再跟佐伊做愛，我告訴她我辦不到。於是她開始跟伊凡交往，現在已經論及婚嫁了。她拒絕跟我上床，對和伊凡的關係保密到家。我嫉妒到無法自拔，想到她在另一個男人的臂彎裡，簡直讓我抓狂。」

「我希望這當中的諷刺意味對你起了點作用，你要求的忠實，正是被不忠實所界定。」我說。

「是啊，但不忠實的是她啊，不是我。」他回答。

「喔，對了，我忘了你有雙重標準，你期待她跟佐伊對你忠實，而你對兩人卻都不忠實？」

「類似那樣，沒錯。不太公平啦，我知道，相信我，這沒什麼好得意的。」

「你為什麼不離開佐伊呢？如果你跟娜歐米都到這樣的地步了，為什麼不乾脆順勢而為？」

道格對我剛才給的暗示感到震驚，他說：「我愛佐伊，從沒有真正想離開我的婚姻。我跟佐伊在一起很開心，況且我也不想遠離我的孩子。總之，跟娜歐米結婚？那會是場災難。」

「所以，這次外遇沒讓你另結新歡，搞不好使你更穩定，換言之，第三者反而讓兩人感情更堅定？」

「不知道，大概吧。我不用腦子想，我只是做，跟著直覺走，但我現在覺得糟透了。」

解開外遇之謎

某種程度上，我認為道格要我確認他做了件很糟的事。他違背與佐伊的誓約，這是明確的背德行為。但一味譴責很容易使我們偏離他的真正問題。我喜歡採中性的道德立場，如此就可以在沒有包袱的情況下，探索外遇的意義，而非以道德觀來思考問題。當道格瞭解是什麼力量驅使他投向娜歐米懷抱，他就能針對做過的事和今後想做的事，自己做出結論。

誤入歧途的原因很多，像是走味的愛情、報復、未能圓滿的渴望以及純粹好色。有時外遇是為了追求刺激或者報復婚姻的枷鎖，是激發性欲的方式。有時祕密是獨立自主的來源，或是對缺乏隱私的反彈。有什麼比在浴室偷偷講電話更讓人興奮呢？一個煩惱的媽媽可能會再度覺得自己是個女人，而她的丈夫對此一無所知。

外遇可能帶來大災難，但也可能是解放、力量的泉源、是一種療癒的方式，或者兼具這些特點。當親密不再，當我們不再說話，已經多年沒有被對方碰觸，我們對陌生人的親切更難以抗拒。在孩子小的時候，欣賞配偶以外的人會使人精神一振；當孩子長大離家，空巢族或許會到別處補充能量，如果健康狀況不佳或者剛在鬼門關前走一遭，或許會經歷強烈的不滿足，因而爆發，大聲要求想過得更好。

有些外遇經過一番抗拒，有些則在完全沒有抗拒的情況下發生。誤入歧途聽起來是婚姻的警鐘，是亟需關注的信號。或者，外遇可能是在一段關係嚥下最後一口氣之前的喪鐘。

一般人以為不忠實必定反映關係更深層的問題，我對這種看法打了問號。外遇被極大的力量所激勵，並非所有外遇都直接與婚姻的瑕疵有關。事實上許多偷情男女對各自的關係還算滿意，道格也是，只是他想要更多。他也說不上還要什麼，反正與更頻繁的性愛有關。

我和道格一起探索他的激情，才明白他和娜歐米鬧劇似的關係，究竟滿足了哪些需求。對他來說，性可以滋養情感，同時也是庇護所；性是愛的形體化，透過性可以達到無我的境界，以及天人合一的感覺。激情使道格脫離難以忍受的存在孤獨感，他說：「就像我不在了。性愛把一切沖刷乾淨，那種絕對聚焦，完全的專注，以某種方式讓我從自己釋放出來。我不再思索，知覺洗刷了我的脊梁，穿過我的腦，然後飛奔出去。」

性愛涵蓋一切，和娜歐米在一起的時候，道格就能保持高品質、至高無上的性愛，部分原因是因為他們的情欲由相同的基礎組成，更重要的是，他們的外遇有助激情，而這也是所有外遇的共同點。外遇是有風險的，同時也不穩定，所有組成都提高了刺激的程度。在偷情中，你與世上其他人隔離開來，兩人的聯結因為祕密而更緊密。由於見不了光，所以對方的魅力便得以維持，你沒必要擔心你的朋友不喜歡他（因為根本沒人知道這號人物）。同時，外遇帶我們遠離日常的柴米油鹽。

接著，需要克服的障礙出現了。為了見面，你們必須花點力氣（有時還滿費力的），你們必須經過一關又一關，尋找安全的幽會地點或編織藉口，所有不辭辛勞的熱情，都像是在確認彼此的重要。從這角度看來，道格的出軌是因為他企圖重新掌握人生、脫離孤單，希望自己再度生氣蓬勃，以及確認自己的重要性。這些都是他和妻子過去曾經擁有，如今卻消失的感覺。

婚姻絕無法完美

等到外遇結束，道格的婚姻已經有名無實。道格和佐伊彼此友好、互相尊重，甚至偶爾表露情意，但他們的愛情已經死亡。一家人對他一再缺席的曖昧已經習以為常，他只是偶爾盡盡義務，但卻心不在焉，因為他總是擔心不小心說溜嘴。當祕密在婚姻中占據愈來愈大的空間，他和佐伊只能自在地討論少數主題，例如小孩、總統，還有天氣。

當我們解開刺激道格和娜歐米外遇背後的原因，我才明白他為什麼不去爭取娜歐米的芳心，反而留在妻子身邊。佐伊猶如結實的大地，她的識大體讓她隨遇而安，晚上睡得香甜，早上都能起得來；她不尋求激情，情緒很少隨外在環境起伏。道格和娜歐米雖然一起找到遺失的拼圖，但是跟佐伊卻擁有剩餘的一整幅。

道格跟我討論，他對婚姻的理想如何與現況配合。他想同時獲得熱度與溫暖，既要夜裡在廚房餐桌上激情做愛，也想次日一大早沐浴在陽光中，和孩子一起享用煎薄餅當早餐。但是道格大概永遠無法跟佐伊體驗和娜歐米擁有的激情，外遇的激情自成一格，祕密、折磨、罪惡、背德、危險、風險和嫉妒，全都具高度可燃性，如同莫洛托夫燃燒彈（Molotov cocktail），情欲的爆炸在有孩子的家裡實在太具威脅性。

當道格愈來愈清楚他對婚姻的合理期待，這時出現新的問題。既然選擇留下來，他現在有哪些選擇？他能不能認知自己的欲望，而不用付諸行動？他會不會背著佐伊，繼續偷偷摸摸跨過一夫一妻的界線，就像典型的外遇那樣？還是選擇用更公開的方式，討論婚姻外圍拉起的性界線？他是否必須招認一切，以便和妻子重修舊好？他又要如何處理他的罪惡感？

答案每天都在變。上個禮拜，他看起來好像永遠沒辦法直視她的眼睛，除非他全盤托出；到了今天，他覺得隱瞞一切似乎才是愛妻子的表現。「我為了對良心有交代，是否傷了她的心？有時我覺得她根本對所有事一清二楚，而她沒有離開我的唯一理由是因為我絕口不提，至少這樣，她能保有自己的尊嚴。」

美國的婚姻治療師大多相信，如果想重建親密關係，一定要把外遇的事全盤托出。這種想法和親密密切相關。親密之愛彰顯的是透明度，沒有祕密，必須不說謊，分享一切。事實上，有些人譴責欺騙更甚背德行為。「問題不在你『偷吃』，而是你竟然對我說謊！」

根據美國人的想法，尊重和誠實結合，而誠實是個人責任不可或缺的；隱藏、偽裝等欺騙行為終歸是不尊重的表現，因為你只欺騙不如你的人，例如小孩、選民或員工。在其他文化中，尊重比較可能以溫和的假話來表達，為了替伴侶保留顏面，具保護性的模糊語言要比說實話而造成羞辱來得好。因此隱瞞不僅保住婚姻的和諧，也是尊重的表現。由於我受到自己文化的影響，因此我同意道格保持緘默，也鼓勵他用其他的方式與妻子重修舊好。他的婚姻生活已經停擺好一陣子了，現在他需要按下播放鍵。

道格重建他和佐伊的關係。有了更多時間和空閒後，他開始把豐富的資源重新導向妻子。她假裝對「奧德修斯」（Odysseus）[13]的突然歸來感到訝異，但是在她的俏皮話「你好啊，陌生人」背後，道格知道她總算鬆了一口氣。我鼓勵他多陪陪孩子，多花點時間在家，並且多跟朋友來往，希望佐伊在解除部分家務負擔後，能把情欲帶進兩人世界。

在企圖提供更多援助的過程中，道格甚至問佐伊是否發現她在其他男人眼中是有魅力的。她的回答閃爍其辭：「大概有吧，大概沒有。你覺得咧？」這讓他有點提心吊膽。

我說：「你被祕密包裹得密不透風，你是神祕的、是反叛者，而她則苦守寒窯。所以，或許她也有幾個自己的祕密，幻想一些男人能給她你所無法給予的部分。」

婚姻是不完美的。一開始，我們想要合一（oneness），而後發現彼此的差異，我們因為以後永遠無法擁有的事而心生恐懼，於是我們抵抗、退縮，責怪伴侶不能使我們成為完整。我們可能想到別處去看看，難過的是，太多人就卡在那裡，動彈不得，直到童山濯濯或白髮蒼蒼。有些人為失去夢想而哀悼，而後和他們的選擇妥協，愛就在接受之下被固定住。當道格終於瞭解自己，承認佐伊的真實樣貌，他也終於能把他們的差異變成財富。

所有關係都存在第三者

每對夫妻的邊界都住著第三者——他是高中時代的青梅竹馬，你還記得他的手；她是美麗的收銀員；他是妳接兒子放學時，跟妳調情的帥哥老師；她是地鐵那位面帶微笑的陌生人。甚至

13　希臘史詩《奧德賽》中，國王奧德修斯在特洛伊戰爭結束後，花了十年才回到家鄉伊薩卡。

連脫衣舞孃、A片明星和性工作者也算是第三者，無論有沒有肢體碰觸。「他」是女人跟丈夫做愛時的性幻想對象，而網路上也愈來愈多這樣的「她」，不論是真實或想像、具體或虛擬，第三者是夫妻關係的支點，清晰呈現我們對籬笆外的人事物有什麼期望，也是個禁忌。

外遇是第三者，糟糠妻也是。在道格的婚姻中，娜歐米是躲在暗處的陰影，佐伊則活在外遇事件的中心。第三者的嫉妒要看配偶是否現身，少了原配，所有占有欲、激情和被愛沖昏頭的癲狂行為就會有氣無力，或許這也是為什麼在婚姻瓦解後，外遇幾乎也跟著一拍兩散的原因。在外遇中，愛情的真正考驗在障礙被移除後才開始。

所有關係都活在第三者的陰影中，因我們兩人焊接在一起的，就是另一位。菲利普斯在著作《一夫一妻》中，寫到：「夫妻抗拒第三者侵入，但為了延續夫妻關係，敵人是一定要的，一夫一妻絕不能沒有敵人。」

那麼，夫妻到底要做什麼？許多人只是一味拒絕承認第三者，他們被單一的誘惑驅使，堅持不需要別人，認為完美的愛本身就已足夠。但這樣的融合不堪一擊，以至於當另一個人出現，哪怕只在幻想中，力量也十分驚人。

這種現象在史坦利．庫比利克（Stanley Kubrick）的電影《大開眼戒》（Eyes Wide Shut）中，有著令人心碎的詮釋。比爾和愛麗斯剛參加完極盡奢華的黑領結耶誕派對，在派對中對於「性」有一段你來我往的對話。比爾一直以為愛麗斯與他一樣，骨子裡做不出不檢點的事：「你是我老婆，也是我孩子的媽，我對妳有信心。妳絕不會做出對不起我的事情。」他理所當然的假設令愛麗斯怒火中燒，再加上剛抽過大麻，她決定點醒他。她用令人不安的方式，詳細描述另一個人的現身是多有力量，哪怕只是幻影。她對他說，她站在遠處對一位海軍軍官流口水的狂熱幻想：他們素未謀面，但他突然將她抱住，力道之大，只要他開口要求，她會放棄一切隨他去。她還說這件事發生在某天和比爾做愛之後，而且比爾還空前熱情呢。

比爾被妻子的告白擊潰，他試圖反擊背叛，並為破碎的世界找回秩序。令我驚訝的是，對比爾來說，幻想一如真實外遇，同樣讓他覺得自己受到傷害。

比爾就像我遇到的眾多伴侶，他的安全感不僅來自愛麗斯的行為，也來自她的想法。她的幻想證明她是自由獨立的個體，然而這卻令他害怕。蘿拉·基普尼斯（Laura Kipnis）說：「什麼比伴侶的自由更能讓人感到焦慮？伴侶的自由可能意謂著不愛你的自由、不再愛你的自由、愛別人的自由，或者成為另一個人。他曾經誓言永遠愛你，現在則否。」

如果他想著別人，或許就愛上別人，這怎麼成！

控制對方的舉動

第三者的威脅恐嚇一直都存在，即使我們掌控婚姻的一切，也不見得能緩和對第三者的焦慮。然而即使如此，許多人還是不惜一試。

「你跟那個男的聊了一會兒，你們都說些什麼？」

「你花好多時間在電腦前，該不會是電腦有問題吧？」

「你到哪去了？」

「在場的還有誰？」

「你想我嗎？」

很多問題都在親密和侵犯的邊緣徘徊，我們想知道，但又不想表現得太明白，我們說因為關心才要問，但往往是因為我們害怕。所以，我們訂下一些規矩希望伴侶遵守，透過積極管理的方式先發制人，確保對方不會偷腥。

雖然欲望不聽使喚，但行動受理智影響，比較容易控制。所以規範是：你不可以和任何異性結為密友。除非有別人在場，否則你不能和某人一起看電影。沒有什麼錄影帶是我們不能一起觀賞的。不准去脫衣酒吧，除非是單身派對。不准找男舞者，那件洋裝太暴露了。不可以大剌剌地暢談前男（女）友，當然也不准在他們路過鎮上的時候跟他們見面。

當焦慮大到無法承受，我們就會退回較原始的控制手段。我們檢查信用卡帳單、網站瀏覽紀錄、汽油油箱表、手機通話紀錄，或是在垃圾堆裡翻找蛛絲馬跡。但是，這些策略都達不到目的，舉凡質問、命令甚至呈堂證供，全都無法減輕我們對伴侶不受拘束所產生的恐懼，我們害怕心愛的人心中另有所屬。

當一夫一妻制再也不是忠誠的自由表達，而是強加的順從，這時過度監控可能為米契兒所謂「挑戰的行為」（acts of exuberant defiance）搭建舞臺。當第三者被否決，有些人決定私下進行，以外遇、線上邂逅、脫衣俱樂部和出差之名「亂來」。以上都是常見的脫序行為，替支配的關係製造心理距離。第三者被放逐，到了婚姻之外才准存在的地方，而他就在尋找這樣的地方。

獨立的情欲生活

原則上，我們瞭解每個人都該擁有隱私，儘管這件事需要多一點智謀。心理學家珍娜·瑞博斯坦（Janet Reibstein）說，郎才女貌的浪漫婚姻，強調兩人在一起和誠實，在這種模式下，親密的標準多於獨立自主的標準。重點在建立親近度，而非維持個體性。在我的患者當中，嚴格遵守這種親密道德觀的人，到頭來覺得自己或伴侶的渴望再也不具正當性。婚姻關係強調兩人一體，所以在婚姻關係中的我們屬於強勢，個別的我屬於弱勢。

女友的早睡習慣令倪夫感到挫折，他說：「她是舞者，晚上九點就上床睡覺。我沒辦法那麼早睡著，只好躺在床上發呆。」我問他，是否曾經在她上床睡覺後跟朋友出去，他頗為驚訝地問我：「可以那樣嗎？」他從沒想到那麼做，甚至沒問過。

萊拉和馬力歐早在瑞舞（rave）[14] 蔚為風潮時就是固定的舞伴，但是當她開始跟不擅跳舞又無法忍受吵鬧音樂的安琪拉交往後，對每個禮拜和馬力歐見面愈來愈不安，因為她不想傷害安琪拉。

有了主張兩人應該經常在一起的愛情意識型態為後盾，追求獨立自主就顯得笨拙不堪。即使在其他方面給予彼此相當大的空間，例如分開度假、晚上夜不歸營、異性的親近友人等，夫妻還是得努力克服一種想法——伴侶或許有獨立於自己之外的情欲生活。我不是在說婚外性行為，而是性的主體意識，那是分開的兩回事。在未出軌的前提下，結婚的人還是需要有性的主體意識，這個主體意識會有一個專屬的形象，會與他人互動，會在被撩撥的時候竊喜。我在和夫妻的合作過程中，會利用各種欲望的偶發事件來處理他們的問題。

被教導不應該滿足於現狀

一般而言，治療師挑戰現有文化，我們照慣例會鼓勵治療者檢視有哪些是正常、可接受和被期待的部分。性的界線是少數幾個領域中，治療師看似與主流文化互相呼應的部分。一夫一妻是規範，而性的忠誠則被視為成熟、忠貞與務實的特質。非一夫一妻制遭到懷疑，哪怕有雙方的同意，它代表缺乏承諾或恐懼親密關係，對夫妻關係造成破壞。

有位同事堅定地表示：「開放式的婚姻是行不通的，根本是異想天開。我們在七〇年代嘗試過，結果是一場災難。」我警告：「或許是吧，但封閉式的婚姻幾乎無法保證不會發生災難。而

14 瑞舞：又稱銳舞、狂野派對，是通宵達旦的舞會，DJ或其他表演者播放電子音樂和瑞舞音樂。這是一九六〇年代倫敦的加勒比海裔居民，用來稱呼派對的俚語。六〇年代末期，這個字轉變成稱呼從迷幻浩室（acid house）中，發展出來的一種派對現象及次文化。

一夫一妻的理想，有為數不少的已婚人士已經難以忍受，那樣的人異想天開的程度也好不到哪裡去。它似乎鼓勵人做出令人極度痛苦的背德行為。」

我的同事是個優秀的家庭治療師，對忠誠採取全有或全無的態度，在這個觀點下，只能有一位性伴侶，而且連跟別人搞曖昧都不行。

一夫一妻制幾乎無法幫助我們不出軌或安於現況。消費者文化總是想要下一個東西，總是要最棒的、最近的、最新的、最年輕的。如果不能如願，我們至少會想在行為上更激烈、更多變、更刺激。我們尋求立即滿足，愈來愈無法忍受挫折。一切都不鼓勵我們對現況滿意，不鼓勵我們想：「這樣就好，這樣就夠了。」

性是經濟體的重要部分，有些人甚至認為性在推動經濟，那件洋裝、那輛車子、那幾雙鞋子、這種乳液、新的刺青、結實的臀部都能給大家性生活更圓滿的人生，我們確信性的滿足和個人幸福是不可分割的。帶來快樂的俗事隨處可見，這是場名符其實的宴會，而我們有權加入，難怪人們在婚姻裡經常感覺停不下來，但對無盡變化的幻想，卻因為承諾而受到阻撓。

以上無法做為不忠誠的正當理由，更不能為類似的行為背書。早在夏娃咬下蘋果時，誘惑就已經存在。但即使如此，還是有關於不忠誠的禁令，天主教不僅擅長教導人們避免誘惑，也很會懲罰無法抗拒的人。今天的問題不在欲望本身，而是我們感覺有義務去追求這些欲望。

一夫一妻制，就像把手指伸進漏水洞口的荷蘭男孩，想用小小的力量阻止洪水般的欲望。

我們並不擁有自己的伴侶

有些夫妻選擇正視禁忌的誘惑，邀請這些行為進來，藉以破壞它的力量。「我絕不希望他搞七拈三，但是我曉得他這麼做可能讓我對他保持『性趣』。」

「假裝世上沒有帥哥存在，並不能讓我的關係更穩固，當然也不會讓對方更誠實。」

「我女友長得滿美的，男人總會黏上來。她一笑置之的樣子讓我覺得挺好的，她總是挑中我。」

這幾對伴侶分享彼此的幻想，一起閱讀色情書報或緬懷過去，他們承認送貨員很火辣，電腦技師、巴尼百貨公司（Barney's）的店員、鄰居的老婆也是。

賽琳娜和麥斯准許對方與其他人調情，但是會畫一條停止線。「我們兩個都滿喜歡被注意，有人煞到我的時候，我整個人都威風了起來，尤其我還生過小孩了。有人煞到麥斯的話呢？我覺得我好像跟舞會國王一起回家似的。」麥斯和賽琳娜喜歡玩占有欲的遊戲，但兩個人都很清楚遊戲規則。

當艾爾莎開完會回來，傑若德總會好奇她遇到哪些人。「有沒有認識有趣的人？有沒有跟對方提到妳有個好老公？妳在高談闊論有關我的事情時，你們是不是在調情？」

溫蒂一直曉得喬治無法抗拒金髮女子，所以上禮拜四她決定當一天的金髮女子。她戴上白金色假髮，罩上一件大衣，無預警出現在建築工地邀他共進午餐，他說：「棒呆了，同事們肯定以為我有外遇，就讓他們去嫉妒吧。」

這幾對伴侶用自己的方式，選擇承認第三者的可能性，承認伴侶有自己的性魅力。當我們確認彼此在關係中是自由的，也就比較不會想尋找外遇對象。

這麼看來，邀請第三者等於包容情欲的變化無常，更別說是吸引力。當第三者不再是陰影，而是存在，是可以公開談論、開玩笑、玩耍的事；當我們能在安全無虞之下說實話，就比較不會有所隱瞞。

第三者非但不會妨礙夫妻的性欲，反而會為兩人關係加溫。

第三者提醒我們並不擁有自己的伴侶，不該將他們視為理所當然，欲望的種子存在不確定中。此外當伴侶在心理上保持距離，就能以陌生人的愛慕眼神窺探彼此，再次注意到習慣使雙方受到什麼蒙蔽。

最後，拒絕別人等於再度確認我們做了正確選擇。他是我想要的，我們察覺到自己游移不定的欲望，卻又將它們推了回去。我們挑逗這些欲望，這會兒卻與它們保持安全距離，或許這就是成熟，而不是沒有激情的愛，因為其他激情對象並沒有被選擇。

邀請第三者

有很多種方式，邀請不包括婚外性行為的第三者進入兩人的關係。對多數人來說，只要一提到性開放，紅色警戒燈就會亮起。與堅定愛情有關的主題，很少會激起如此非理性的回應。

萬一她愛上他怎麼辦？

萬一他一去不回頭呢？

想到可以愛一個人，再跟另一個人發生性關係而不受任何懲罰，就使我們不寒而慄，害怕一旦越過某個界線，就可能全盤失守。

當腦海浮現雜交、淫亂、誘姦的混沌形象，想對抗這些墮落，伴侶的關係是唯一利器，它使我們不流於莽動，抵禦放蕩的獸性。

菲利普斯主張：「一夫一妻是道德的聯結也是鑰匙孔，透過它窺見我們全神貫注的事。」討論妥協下的非一夫一妻制時，出現幾個尖銳的問題：

感情的承諾使人注定只能擁有單一性伴侶嗎？

我們可不可以同時愛上一個以上的對象？

性只是性？

男人是否天生比女人更容易亂來？

以上都是榜上有名的問題。但問題還沒完。

嫉妒是表達愛情的方式，還是不安全的象徵？

我們為什麼等不及要把朋友介紹給大家，卻將愛人視為禁臠？

我不會假裝自己知道答案，但我確信當我們馴服浪漫的懷舊，用嚴肅的態度深思，就能從中獲益。

就連對性能力最根深柢固的信念都有待修正。我們曾對婚前性行為和同性戀敬謝不敏，但現在兩者在多數社交圈中多少都被接受。近年來，少數男女已經把一夫一妻制當做在性解放的個人奮鬥過程中，等待征服的下一場重大戰役。

瓊安和西洛形容他們有過兩種型態的性：以愛情為目的的性，和以玩樂為目的的性。他們把後者保留到一年一度的拉斯維加斯交換伴侶大會時才實行。他們告訴我，這對他們的性生活和親密關係都發揮神效。撇開他們的外表不談，瓊安和西洛似乎都是反抗婚姻理想的鬥士，他們不質疑婚姻機制，甚至還設法保存它。他們重視兩人在一起、誠實和分享的價值。甚至在他們的約定中高舉忠誠的大旗。人類學家凱薩琳．法蘭克（Katherine Frank）反諷：「拉斯維加斯發生的事，就讓它留在那兒吧。」交換伴侶是妥協後的通姦形式，給予雙方同等的自由。

艾瑞克和賈克遜也以玩樂為性愛目的。他們在一起十年，一直把感情的忠誠和性的排他性分得很清楚。「打從一開始，我們就談論和別的男人做愛的經過，沒什麼好隱藏的。對我們來說，感情的承諾才是真的，婚外性行為不會導致分手，我猜你可以稱我們是感情上的一夫一妻制，但在性方面卻有多重對象。」

阿玲比珍娜年長十六歲，她解釋：「性很重要，只是對我已經不再那麼重要。我年紀愈大就愈不在意。」珍娜正值盛年。他們協議當珍娜到外地拍攝外景時，可以自己找樂子，只要別忘了誰才是最重要的。

我問阿玲，這樣的安排是否威脅到她，她的回答是：「我當然受到威脅。但我認為要珍娜完全放棄性，帶來的威脅更嚴重。我無法想像自己對她說：『妳的身體屬於我，無論我想要與否。』」由於意識到情欲消失，因此阿玲重新創造忠誠的概念。

一夫一妻制把不該做的事排拒在外，但如果欲望凋謝的話，很容易就淪為獨身生活，這時忠誠就成了弱點，而非美德。

瑪格瑞特和依恩在一起二十五年，有過一段絕對的兩人世界和痛徹心扉的外遇事件。依恩說：「發現瑪格瑞特出軌時，我極為震驚。我花了好幾個月才明白我也是嫉妒的。不是嫉妒她的愛人，而是嫉妒她。我抗拒其他女人已經好幾年了，等她全盤說出時，我們做了一番評估，結果決定繼續在一起，但是把門戶打開。」

瑪格瑞特說：「我們正嘗試思考對兩人都好的辦法，但這不見得適合別人。」

當我問，她的開放式婚姻是否痛苦，她回答：「有時是痛苦的，有時不是。但一夫一妻制也是痛苦的。」

懷疑論者嘲笑這些約定，並質疑這樣的關係會有多堅定。他們這麼說：

「我從沒見過開放式婚姻可以長久。」

「你先試試一段時間，再把結果告訴我。」

「真自私。」

「自我放縱。」

「玩火者必傷人。」

但根據我的經驗，會協商性問題的夫妻，就像前面提到的幾對，感情不比那些把大門緊閉的夫妻來得不堅定。事實上，他們就是因為想讓關係更堅固，才會探索其他模式，他們不把第三者從婚姻生活的管轄範圍驅逐出境，而是發給他們觀光簽證。

對這些伴侶來說，單一性伴侶不代表忠誠，而是承諾的強度。他們強調感情上的一夫一妻，而後有各種性方面的鬆綁。但這些關係非但不是放縱的享樂主義，反而白紙黑字訂定了規範，每隔一段時間就視需要重新交涉。

瑪格瑞特和伊恩強調，他們的約定明確又有彈性。「我們有我們的規則，像是不准持續外遇、不准在我們住的城市有愛人、不准和彼此都認識的朋友搞外遇。只要遵守這些規則就可以，如果後來有必要，我們就重新協商。」

值得注意的是，雖然這些伴侶為忠誠的概念帶來新的解釋，卻容易招致被背叛的命運。「信賴」對所有關係來說都是重要的，對邀請第三者進入私密空間的人來說也不例外。不忠誠的一方違反協議、破壞信賴，但就連規則本身都是可以被打破的。當規則被打破，一定招致痛苦，在這層意義上，性開放的伴侶和遵循一夫一妻的伴侶並無不同。

我的一些患者在面對外遇、離婚和再婚的折騰後，企圖以其他方式解決情欲問題。非一夫一妻的伴侶重視性的自由表達，試圖調和愛情的天長地久和欲望的驚奇，以抵抗日久生厭的關係。但還是要重複前文瑪格瑞特說的話：「這不是每個人都適用。」

第三者的存在是人生的事實，如何應付則由自己決定。我們可以恐懼、迴避或義憤填膺，也可以抱著旺盛的好奇心和些許陰謀來看待他們。

道格狂野的外遇事件，屬於暗中進行式。

比爾的毀滅則來自他極力企圖否認。

賽琳娜和麥斯邀第三者進入幻想，但也僅止於此。

瓊安和西洛則護送第三者登堂入室。

婚姻已經成為愛情的問題，而愛情是選擇的問題，暗示有人被淘汰。但是，那並不表示被判死刑，也不等於我們需要扼殺自己的感知，以逃避魅惑。

承認第三者的存在，一定和證實伴侶在情欲上的獨立性有關，意思是說，伴侶的性欲不是我們專屬，不是為我們存在，也不只用在我們身上。

我們不該假設伴侶的性欲理所當然落入我們的管轄範圍內。不是這樣的。或許在行為上應該如此，但在思想上當然不是。

我們愈是掐住彼此的自由，欲望就愈難以在相許的關係內呼吸。

當我知道你在看別人，但無法完全明瞭你感受到什麼；當我知道別人在注視你，卻不知道他們怎麼打算。突然間，你不再是我熟悉的那個人，不再是個我無需花力氣就知道究竟的個體。事實上，你還真神祕，而我有一點不安。你到底是誰？我想要你。

當你順應第三者的出現而開展情欲的空間，不必擔心愛欲會有枯萎的問題。我們在廣闊的空間裡，可以被伴侶的奇異特質深深感動，不久後便會從內心深處激發情欲的火花。

我想建議大家，別把一夫一妻視為既成事實，而將它當做選擇。因此，它成為協議後的決定。說得更清楚些，如果我們計畫花五十年時間在同一個靈魂上，又想要擁有快樂的週年紀念日，比較明智的作法是在不同時期檢視我們的約定。

每對伴侶對第三者的順應程度不一，但接受他，至少比較容易延續我們對另一半的欲望，甚至為二十一世紀的伴侶，創造新的「愛情藝術」。

愛情絕不會自然死亡；愛情會死，是因為我們不知道如何為它的源頭補給。把自己推向從未到過的境地，測試你的極限、衝破障礙，這是需要勇氣的。當繼續躲在花蕾中所需承受的風險，比開花的風險更令人痛苦時，代表這一天來臨了。——安娜伊思・寧（Anaïs Nin）

第十一章

把X放回SEX裡：

徹底瞭解情欲

人們願意在兩人世界之外從事性的實驗，但當他們跟伴侶在一起時，卻又非常溫馴且守分，這往往讓我感到不可思議。

許多患者表示，居家生活完全沒有興奮感和情欲可言，但卻因為外界充滿想像的性生活而被喚醒，包括外遇、色情、網交、香豔火辣的白日夢等。他們在組成家庭的過程中，在性愛上做出妥協，哪怕這個家只有兩個人。他們要自己在情欲方面麻木，不讓自己享有感情和想像的自由，而是在外重新想像自己脫離了承諾的限制，他們心中有兩人世界提供的安全感，而在外又有冒險和激情的生活。

所以當媒體抓狂似地（卻又很規律）宣布情侶不做愛，我不禁推測，他們其實一天到晚都在做愛，只是不跟彼此罷了。

激情或許可以替最初的關係增溫，或許不行，無論如何，激烈情欲的波動起伏，預期將漸漸進入比較保守、穩定和可控制的替代方式，也就是成熟之愛。據瞭解，激情的生物機能是短暫的。

演化人類學家海倫．費雪（Helen Fisher）說，浪漫的荷爾蒙混合物（多巴胺、去甲基腎上腺素和苯乙胺等）頂多只能維持幾年。其中最持久的成分是使人產生擁抱欲望的荷爾蒙催產素（oxytocin）。許多人認為，這種彼此作伴、由衷的尊重、互相關懷的成熟之愛，是用情欲的熱度換來的。如果魅力和欲望在你的求愛過程中扮演核心角色，那將退居幕後，讓位給「共同生活」這齣重頭戲。

情欲明顯在婚姻的概念中缺席。當然，這年頭互許終身的伴侶，期待有性生活，甚至樂在其中。理論上，單純為傳宗接代而進行的性已經落伍，性和情欲並非同一回事。但往往，愛人之間挑動的情欲、肌膚之親、熱情如火、非要不可、輕率、充滿情欲的性愛，在喬遷派對後幾乎消聲匿跡。

儘管充斥腥羶色的媒體，告訴讀者只要依照這期週刊建議的十種觀念，便能馬上擁有欲仙欲死的興奮刺激。但還是有反享樂主義者。

可不可能是因為我們被「如何與伴侶火熱做愛」的文章淹沒，但我們並不真的相信能火辣地進行？更進一步說，我們是否打從心底相信，和伴侶的性愛原本就不該是火辣的？我們能不能相信，無論在被套牢前能多麼自由地做愛，但婚姻就是容不下情色的粗魯？

如果婚姻不外是愛情，一如我們想要相信的，那麼已婚者的性行為必定是愛情的宣言。換句話說，必定代表某種意義。但是，性治療師歐康納說：

為了讓（已婚者的）性愛變得「有意義」，我們每次上床一定要表達愛意，而且最好是永誌不渝的愛。哇！好大的負擔啊！它消滅了被一連串其他情感和感官知覺所刺激的性愛，像是玩耍式的性愛、憤怒的性愛、快速「無心」的性愛，以及「調皮」的性愛。事實上，它消滅了所有做愛的理由。畢竟，誰會那麼規律地感受到「永誌不渝的愛情」，而且是在晚上十一點？

我們被教導婚姻不外是承諾、安全、安適和家庭，婚姻不是兒戲，是責任重大且目的明確的事業，它是我們需要的一切，也是我們必須要做的。至於玩耍，以及伴隨而來的風險、勾引、粗魯、傷風敗俗，就留在堅固的家之外，任其自生自滅。

我的許多同行假設，交往之初的乾柴烈火是種暫時的瘋狂狀態，注定要被長期的嚴謹生活矯治。臨床醫師經常把性冒險的欲望當做幼稚的幻想或恐懼承諾，例如從單純的調情到癡戀，與舊情人保持聯繫，到變裝癖、三P、戀物癖。一般人偏好的愛情模式是友愛、親密、合作的夥伴關係，這樣的伴侶善於合作和溝通，但不懂得搞怪和開玩笑。不過，缺乏激情的友誼，對培養情欲來說，將是個難題。

得到戒指那天，一切都變了

賈桂琳和菲利普正試著重新激起火花，他們結婚十年，總算等到孩子長大。今年秋天，小兒子開始上幼稚園，新的作息讓他們恢復一些秩序。在此同時，他們的朋友在過去一年來陸續經歷離婚。菲利普說：「以前常一起混的幾對，跟我們差不多是同一個時間結婚的，現在卻個個承認婚姻失敗。這讓你聯想到你的價值觀，讓你面對自己的關係中有哪些要命的瑕疵。」

「那，你的要命瑕疵是什麼？」我問。

「性。」他回答。

「欺騙。」她說。

他們相遇時，賈桂琳可說是菲利普的戰利品，他回想：「賈姬聰明、美麗又性感，我簡直無法相信她竟然會看上我。我是真的被她迷倒了，但我也追得很勤快。長久以來我們的性生活可圈可點，直到我要她嫁給我。」

「她答應的時候，究竟怎麼了？」我進一步問。

「沒什麼啊，但是當我拿到戒指，有件事的確不一樣了。當時我還沒把兩件事連在一起，但我現在終於恍然大悟，原來家庭生活讓我電力全失，但我沒對她說。事實上，我甚至試著否認性生活有任何改變。我很快就沒辦法再對她產生欲望，每次她到外地去，即使只外出一個晚上，我都會趁機上色情網站或流連夜店。」接下來是為期八年的不倫戀，有幾次東窗事發、幾次不打自招，剩下幾次則僥倖沒被發現。

舊事一再重演，這樁解決後輪到下一樁，菲利普對自己的偷腥感到不齒，接著一定是悔恨。傷害賈姬令他痛苦不已，他誓言痛改前非，於是扮演正派男人和好丈夫的大戲。賈姬則原諒他並將他帶回家，然後他又開始不安於室，之後的縱欲行徑總是有過之而無不及。

這些年間，他們有了兩個兒子，賈姬完成了她的第一本小說，菲利普則在大學拿到終身教職，一家人搬到紐約。所有的發展讓問題暫時被擱置，但是最近這次的外遇，在賈姬看來真是離譜至極。

因為想瞭解菲利普的性態度，我一路追蹤到他父母的婚姻。母親一手把五個孩子帶大，但父親卻外遇不斷，而且從不花力氣掩飾。菲利普的祖父竟然也幹過同樣的事。

「我父親其實是滿討人喜歡的人，他持續偷腥，不太考慮會給我們怎樣的感覺，更別說是我老媽了。」菲利普說他母親身陷痛苦，但卻是個務實的女性，從沒忘記有五個孩子要養。「她絕口不提，但我們都知道她需要我們的程度，一如我們需要她那麼多。」

為了不讓母親更難過，菲利普盡量不重蹈覆轍。他成了他自己所謂的「天賦異稟的無性少年。他難過地表示：「我非常推崇道德主義，而且相當會批判人。表面上我和藹又安全，女孩會跟我交往，因為她們相信我不會占她們便宜。但其實我背地裡什麼都做得出來，我非常討厭自己這一點。」青少年時期的菲利普，私底下培養對色情的強迫性品味，當他年紀漸長，能夠選擇真正的性愛時，他會在飛機上勾搭一些女人，逢場作戲。

「不知為何，嚴格的道德標準只會讓我更想犯規。」對菲利普來說，反抗公序良俗是開啟他內在覺醒系統的關鍵，例如性、物化和傷風敗俗的行為。諷刺的是，菲利普把婚姻外的性分得很清楚，希望對方不要因為他的欲望而受到傷害。

不用說也知道，賈姬對於性生活的日益乏味相當困擾，她對自己的魅力自信不足，因此當初菲利普被她深深吸引，令她感到訝異；當他熱情不再，她以為只是如她預料。

賈姬與進出多次進出精神病院的兄弟一起長大，早就習慣把自己的需求降到最低，她學會不強迫別人接納自己，取而代之的是逆來順受。

菲利普尋求外人認同，但賈姬的自我認同卻完全仰賴菲利普的尊重。我們可以從她身上看到一般女性安排性欲常見的方式。她讓菲利普對她的欲望成為性主體性的核心。在菲利普還對她熱情如火的時候，她有如盛開的花朵，兩人之間沒有任何問題，她感到開放、大膽、性感，而且被渴望。如今，她這位過去的好學生，害怕被拒絕，想避免身在不利的處境。

當她鼓足勇氣採取攻勢，菲利普感覺有種必須回應並照顧她的壓力，他說：「每當賈姬向我靠過來，我就跟木乃伊一樣。」

「結果讓賈姬更沒安全感。」我說。

按理來說，男性的欲望在兩極間遊走，一方面懇求伴侶自己靠過來，以確認被對方渴望；另一方面，當伴侶主動時卻又故意阻止，擔心他們的被動接受不夠男子氣概。反對對方靠過來的一方，永遠不確定他們在媽媽的庇護下，究竟擁有多大的力量，他們遊走在男孩與男人的細微分野間。可想而知，菲利普把賈姬的示好當做依賴對方的要求，而不是勾引他的邀約。

菲利普有種罪惡感，因為他對老婆的情欲僅止於此。當我要他勾勒出一個有她在內的性愛影象，浮現在他腦海的是他們兩人在落日映照下浪漫激吻。他說現在很難從激情、情欲的角度來想像賈姬，他明著告訴她：「在我心裡，就是沒辦法把妳當成一個性感的女人，我覺得很難過，但事實就是如此。」他渴望和賈姬翻雲覆雨，但他內心卻不容許這麼做，他懼怕在神聖婚姻制度的束縛下，展現出欲望的稜角，並對自己需要物化「性」感到羞愧。在他想來，愛情容不下這些不道德的意念。

你不會跟老婆幹那檔子事

很多治療者不敢向敬愛的人表達強烈的性欲。

菲利普把缺乏欲望的事實隱藏在正義凜然的藉口後，但他絕不是唯一這樣的人。或許你聽過有人說：「我不能跟老婆幹那檔子事啦。」家庭之內的情欲被用「得體與否」的面紗遮蓋起來。

當菲利普告訴我，說賈姬永遠不會贊成這件事，我問他：「究竟是什麼事？」

「我這人不喜歡拐彎抹角。我喜歡直來直往。我喜歡玩具、性感內衣、色情書刊和一大堆色情圖片，直接了當，毫不扭捏作態的性交。」

我以為我會聽到一連串露骨的色情奇想，但他透露的竟然是性幻想的基本菜單，這倒令我嚇了一跳。「這都是你跟賈姬在交換戒指前享受的事嗎？」我問。

「是啊。」他聳肩。

「現在賈姬卻不肯了？還是你不肯跟她這樣做？我感覺不出她有改變那麼多，但我想知道到哪種程度，就是你認為不可以跟老婆做的事。你似乎認為將愛人物化是錯誤的。」

「那妳的意思是，這麼做並沒有錯囉？」他問。

「可以不必這樣。你知道，很多伴侶透過物化，把太熟悉的伴侶變得像外人。不少人認為這樣往往導致缺乏親密感，所以反駁這種作法。但我認為當你們雙方都進入狀況時，這是另一種親近的方式。換句話說，你必須很信賴一個人，才能忘記他。」

愛情有依賴的層面。事實上，依賴是情感的必要元素，但也製造出嚴重的焦慮，因為它暗示我們愛的人將力量施加在我們身上，就是愛我們的力量，但這也是遺棄我們的力量。浪漫愛情的深處埋藏著對批判、拒絕和失去的恐懼，向心愛的人求愛卻遭到拒絕尤其傷人。因此在面對我們極度仰賴的人，以及他的意見是極度重要的人時，我們比較不願意在情欲上走險棋，寧可修正自己，維持協商後雙方都可以接受的無聊情欲腳本。有些人只在情感的賭注較低時（例如愛得比較少，或者是比較不怕失去），才能自在地從事性的冒險。米契兒寫道：「浪漫並不必然會隨時間褪色，但確實讓風險變得更高。」

賈姬一路仔細聆聽，耐著性子等著輪到她。她說：「對我來說，他幾乎到了荒唐的地步。他比較像十二歲的男孩，而不是男人。要我對一位青少年解放性欲實在很難，他為什麼認為自己必須向外尋求滿足？或許我應該買一副假髮，穿著中空裝到酒吧才對。」她玩笑地說。

「不賴喔！」我回答。

和配偶在網路上聊天

依我看，菲利普把性欲做了區分，在家是有愛的性，而保留火辣的性給陌生人，這種作法趕走婚姻中的情欲成分，導致他和賈姬的性愛受到限制。但錯不光在他，賈姬也把她在性欲上的自我價值轉移給他。他不該獨占她的性欲，我建議她把它取回來。

「賈姬，你們距離上一回調情，已經多久了？妳能不能去看看別的男人，這樣一來菲利普就不是認同妳性欲的唯一一人？」

菲利普開始坐立難安，說：「等一下。」

「別擔心，我並不建議賈姬以牙還牙。但你老婆是個非常迷人的女性，如果你認不清這點，那她從別人那裡聽到這個事實又有什麼不對？」

我建議他們開一個新的電子郵件信箱，專門交換與情欲有關的事，包含想法、記憶、幻想和誘惑。我指出，往來的書信並非要替他們的婚姻製造問題，而是創造遊戲空間。我要他們利用網路誘導出好奇心，以及某種正向的焦慮。文字比語言多了很多好處，你愛寫多少就寫多少，既可以字斟句酌，更可以將難以啟齒的事通通寫出來。文字先天上就存在著距離，我希望這樣的距離有助於解除兩人受到的壓抑。

一直到情人節之前，賈姬對誘惑已經駕輕就熟，她玩得很瘋狂也很大膽，不僅是在她給菲利普的電子郵件，也包括對其他男人。

幾個月後，她告訴我：「妳鼓勵我從菲利普以外的男人獲得自我感知，對我真的滿有用的。」她開始與男性朋友一起做事，像是聽音樂會和參觀藝廊，而她整個人也變得更有女人味。「跟其他男人交談，知道他們喜歡有我在場，重出江湖還滿好玩的。現在，菲利普的每句話或每個表情，不再是我人生中最重要的事了。」

賈姬的信心讓菲利普有點七上八下，結果證實反而是件好事，她寫信給他的方式引起他的興趣，他也驚訝地發現她竟然能「坐懷不亂」。種種一切讓賈姬在他眼中顯得更有性魅力。

電子郵件的匿名性，讓他得以將她視為有自己欲望的主體，將她變成他欲望的標的物。「我對她說了些我從不認為可以說的話，我預料她的熱情會被我澆熄，但事實上卻沒有。她需要的照顧，遠低於我投射在她身上的程度。我發現我把許多不屬於她的東西強加在她身上。」

賈姬告訴他：「我知道你心裡認為外遇是合理的。雖然不妥，但我能理解。不過，你讓自己這麼容易被抓包，這點我還是很訝異，就好像是你自導自演一樣，這樣你就可以找媽媽打你屁股。只不過我沒興趣扮演你家庭倫理劇裡的一個角色，我會先離開你，這點你心裡有數。」

賈姬對我說：「領悟我堅強到能夠離開，反而讓我做出留下的決定，我有更多自由，現在當我要求做愛時，會覺得自己幾近厚顏無恥，但我喜歡這種感覺。『你想要嗎，菲利普？拿去吧！』不必是浪漫的，甚至不必特別針對個人，我喜歡變化，偏好溫柔的愛，但是貪婪的愛也挺不錯。」

我與菲利普、賈姬斷斷續續合作了幾年，菲利普不再用無意識的舉動發洩被壓抑的情感，他已經找到方法破解根深柢固的信念，破除在家裡不可能發生火辣性愛的想法。他設法認清自己是個有七情六欲但又忠誠的男人，於是改變了至少持續三代之久的家庭模式。以往他藉由沉迷情色來逃避欲望，他幻想欲望和滿足合一的瞬間，螢幕上的女人毫不抗拒，無需他出任何力氣，因此想要和獲得之間的張力兩相抵銷。他從不需要在愛的情境中調和欲望，漸漸把被錯置的性欲帶回家，也愈來愈能和妻子在一起享受性愛。

賈姬和菲利普持續挑戰如何將情欲帶回家中，體驗不傷大雅的傷風敗俗、社會不允許的抗爭和激情的理想化。菲利普斯在《一夫一妻》中，強調這一點：

> 如果禁忌令人興奮，如果欲望從根本上就會傷風敗俗，那麼一夫一妻制就像個大富人家，必須尋找他們的貧乏之處，讓自己感到飢餓。換句話說，為了讓身邊的人違背社會規範，令人感到興趣，那麼他們就必須再加把勁。

你能渴望你已擁有的嗎？

王爾德（Oscar Wilde）曾寫：「這世界只有兩種悲劇，一是得到想要的，另一個則是得不到。」

欲望無法被滿足時，我們會感到失望。要求加薪被拒、沒被大學錄取、試鏡被淘汰，在在令人沮喪。當我們欲望的對象是人，他的拒絕會讓我們感到孤單、沒價值、不被疼愛，或者更糟的，覺得自己是個不值得愛的人。但一旦得到想要的，也減損了當初的悸動、渴望的甜美滋味、精心策畫的追求策略和緊張刺激的幻想，簡單說，此時所有欲望的活動和能量，全都讓位給「擁有」的事實。

只要想想最近一樣你很渴望而終於擁有的東西，現在你可以享用、也可以愛它，但你是否仍然渴望擁有它呢？你是否還記得最初有多渴望呢？蓋爾．戈德溫（GailGodwin）寫：「『渴求』的激烈程度，將永遠高於擁有。」

渴望「你已經擁有的」，是不是比較困難？

報酬遞減定律告訴我們，頻率提高會導致滿意度下降。你愈常使用某個產品，接下來使用的滿意度就會依次降低，好比第十五次造訪巴黎就與第一次去的感覺不同。好在這個論點的邏輯對愛情並不適用，因為它建立在錯誤的假設上——亦即我們可以像擁有iPod或一雙新的Prada高跟鞋一樣擁有一個人。當我的朋友珍說：「或許我只是想要我無法擁有的。」我反問：「是什麼讓妳以為妳擁有妳丈夫？」

人對終身相許的愛情有一個最大的錯誤認知，就是以為伴侶屬於我們。事實上，他們的分立性無庸置疑，他們永遠讓人摸不透，如果一開始就承認這點，持續有欲望才變得可能。當一成不變的生活突然出現威脅（例如外遇、熱戀、長時間消失，甚至雙方打得你死我活），會突然點燃欲火，這十分詭譎。再沒有別的事能像恐懼失去一般，讓舊鞋看起來如同新鞋。

報酬遞減定律的反證，就是持續投資將帶來更高的滿意度。所謂熟能生巧，而你也愈樂在其中。每個禮拜網球球技都有所進步的人，會主張練習頻率的好處。對他而言，練習得愈多，技巧也愈純熟；技巧愈純熟，信心也愈充足；信心愈充足，就愈敢冒險；愈敢冒險，比賽也就愈刺激。當然，練習需要努力和紀律，不是有心就好，還需要耐性和持續專注。網球球員直覺上知道成長很少是線性的，他或許歷經風光和低潮，但報酬永遠值得他付出努力。

不幸地，我們經常把努力與工作、紀律、痛苦連在一起。但是，你可以用不同的方式看待工作，它可以充滿創意且深具意義，並激起高度的生命力，而不是只帶給你鑽到骨子裡的疲憊。相同的，如果我們希望性愛讓人更圓滿，就得利用巧妙的方式來使力。

刻意的性愛

有一種強烈的理想性，在許多人對性的觀點上發生作用，他們認為性是天雷勾動地火、琴瑟和鳴、肌膚對肌膚的相容性，而且打從一開始就完美無瑕。美好的性愛應該不費力氣，沒有緊張且沒有禁忌，你要嘛就是擁有，不然就是沒有。

每當男男女女在我辦公室裡，提到哪些事使他們感到興奮刺激、悸動、無法等待，提到什麼是真正撩人的性愛時，所謂的「自發性」就像咒語一般。他們非常相信——乾柴烈火的性愛應該在完全沒有準備時發生，這點再怎麼強調也不為過。

我們老是相信，性愛來自衝動、自然、未經提示、不假修飾的意向，我們談到被愛情席捲的經驗：「我沒法抗拒……感覺血管裡有股熱潮……比我們兩個都還充實……我完全被征服。」這個以性的大爆炸理論為主的熱戀理論，暗示我們對勾引和玩耍的情欲感到不耐煩，因為那樣太花時間，需要太多力氣。而且最重要的是，我們必須對自己做的事保有完全自覺。

對許多人來說，預謀的性愛啟人疑竇，威脅我們的信念，因為性愛被認定只受制於魔法和化學物質的作用。當認定性愛一定是自發的，反而使我們離性愛、表達情欲，又更遠了一步。自然發生的性愛無需宣告，在如此刻意的社會中，刻意的性愛似乎太過矯揉且愚蠢，讓我們彷彿被逮到做了不該做的事一樣。

當我的治療者追憶起早期「一點就蹦出火花」的性愛時，我提醒他們就連一開始，所謂的自動自發都是祕密。「那一刻」發生的一切，經常是好幾小時、甚至好幾天準備的結果，穿什麼、談什麼、哪間餐廳、哪個音樂？往往是準備而來的。

為此，我鼓勵治療者在性愛方面別自動自發。自動自發是個很棒的概念，但是在長久關係中，凡即「這麼發生」的事早就發生了，現在他們必須讓它真正發生。終身相許的性愛是刻意的性愛，「我無法抗拒」應該變成「我不想抗拒」；「我們就這麼抱在一起了」應該變成「讓我抱抱你」；「我們就這麼一拍即合」必須變成「今晚我們可否一拍即合」。我的目標是幫助治療者漸漸習慣性欲被承認且受到熱情歡迎。換言之，性愛是需要全心投入的一件事。

計畫的觀念是許多伴侶需要跨越的障礙。他們把計畫與日程的安排連在一塊，又把日程的安排與工作連在一塊，而工作又與義務連在一塊。治療的目的往往是拆除這些信念。

勾引你的另一半

多米尼克和拉烏抱怨性生活食之無味。交往之初，拉烏還住在邁阿密，距離為他們保持新鮮感，當時的他們總是期待週末來臨，從不覺得無聊。現在同居後，卻把空閒時間用來做家事和處理雜務，這讓我不由得注意他們在關心瑣事和性生活時的兩套標準。

「髒衣服需要洗，妳知道的。」多米尼克辯護。

「那性愛就可以不管囉？」我問。

多米尼克假裝不懂我所謂的計畫式性愛，他說：「妳是要我把做愛記錄在日程表上嗎？禮拜四晚上十點？聽起來真可悲。」

我回答：「如果你不希望性愛變成另一個待辦事項，就別這麼做。我的意思不是要你把性愛排入行程，而是創造一個情欲空間，而這是要花時間的。在那空間裡，什麼都可能發生，但空間是有特殊意圖的，就像你上週末幫拉烏製作的燉小牛肘，這件事就不是自然發生的。」

多米尼克是老饕。禮拜六他做了傳統義大利燉菜給拉烏吃，這件事一開始只是個念頭，源自於他想做件讓人開心的事。他想了好幾個點子，最後決定燉小牛肉，他先去小義大利買上好的肉，到格林威治村的麵包店購買最愛的多穀麵包，又去蘇活專賣店買了巧克力煎餅，最後還大老遠跑去上城買了瓶頂級的蒙地普加諾（Montepulciano）酒。這餐飯花費大半天工夫，最後成了一頓饗宴，甚至是情欲的體驗。這都是經過計畫後產生的愉悅。

多米尼克承認：「是啊，要做的事很多，但我還滿樂在其中的，所以感覺起來並不繁重。」

「如果性愛讓你感覺像是工作呢？你看起來似乎不太情願將你對烹飪的用心，用在你的情欲生活上。」我指出。

「說到性啊，似乎還滿虛假的。」多米尼克說。

一如多米尼克和拉烏，不少治療者在談到性的時候，會排斥刻意費心思計畫。他們認為這些謀略實在太花力氣，在感情找到歸宿後就沒有存在的必要。

「勾引我的伴侶？還有必要那樣做嗎？」這種不情願往往來自嬰兒時期的願望，也就是希望以原來的面目被愛，自己可以完全不需要花費任何力氣追求，因為我們是這麼特別。這是嬰兒的浮誇，每個人的內心都有這一面。「我不要！我為什麼應該要這樣？你才應該無條件愛我才對！」

性治療師瑪格麗特．尼可斯（Margaret Nichols）觀察，當妳肥了五十磅，穿著兔寶寶拖鞋和髒汙的T恤進進出出，即使伴侶可能還愛著你，但他大概不會看到你就一把撲上去。

我問多米尼克：「誘惑的刺激難道只是戀人的特權嗎？你和拉烏生活，不全然意謂她隨時願意上床。她要求更多關注，但關心卻日漸減少。如果你希望性愛一直是充滿肉欲的，就需要付出關注。不，當然不是每天，但你能不能每隔一陣子就為拉烏做一頓飯？」

計畫創造期待

期待暗示我們盼望某件事，而盼望是欲望的重要元素。計畫性愛，有助於產生欲望。多米尼克在製作燉小牛肘時會事先品嘗，想像拉烏的驚訝和喜悅。他希望這會讓她覺得她的是特別的，也想像她的感激。

幻想是期待的接合劑，是想像某件事如何進行的方式，那是發生在伴侶直接互動之外的前戲。期待則是建構劇情的一部分，所以羅曼史小說與肥皂劇才會充斥著期待。我相信，渴望、等待和盼望都是欲望的基本元素，可以運用謀略而產生，即使是長期關係也如此。

奈爾和莎拉禮拜六外出時，經常先計畫幾件事，那就是晚餐、音樂和稍後的性愛。以往，每當莎拉掏錢給保母時，整個晚上的求愛過程忽然間就像不曾發生似的，她說：「剎那間，我又回到母親的角色，我們努力營造的所有張力就這麼消失。現在奈爾負責應付保母，而我則直接走進臥室，這種安排幫我維持高昂的性致。」

莎拉和奈爾的三個孩子讓她鎮日不得閒，沒有一天例外。她向奈爾明白表示，要她脫離那個角色需要很大的工夫，而且只要一點小事就足以破功。「我以前想過，重點不過就是進入某種情緒，但我很早以前就丟掉那種想法了。等待進入那種心情就像等待二次高潮，我現在喜歡計畫，讓我在玩芭比娃娃和檢查家庭作業時，有值得期待的事。」

莎拉期待的不只是性愛，而是整個儀式，以女人對男人的方式，花很多時間在一起。他們可以暫時脫離現實的連鎖，前戲一做就是幾個小時，而他們已經做了十二年，就像應付某個駕輕就熟的學科似的。如果省略前戲，就會有種失落感。他們知道美好性愛需要時間醞釀，而那通常不是晚間十一點新聞結束後的十五分鐘就夠。

遊戲之樂

當伴侶抱怨性生活乏善可陳，我知道他們指的不只是做愛的頻率。或許他們想要的更多，當然也想要更好。因此，我想談談他們的情欲生活，而非性生活。以性愛的實際行動為討論的主題，容易失之偏頗，一不小心就可能淪為數字的探討。人類生來就渴望發光發熱，想要有活著的感覺，如果與相愛的伴侶有那麼一點機會超越限制，就能填補強烈的空虛感。

動物也有性行為，但情欲則是人類專屬。性欲可以被想像轉變，你甚至不需要性愛的實際行為，就能完整感受情欲的流動，當然，性愛往往被暗示並被想像。情欲是興奮的根源，我們因此有目的地追求愉悅。

帕茲將情欲比擬成身體的詩篇、感知的見證，它像詩一般，並非線性，而是蜿蜒曲折的，最後繞回自己身上，讓我們看到心眼而非肉眼看見的東西。情欲將我們帶進另一個世界，使感知變成想像的僕人，讓我看到不可見、聽到不可聽的。

和想像纏繞在一起的情欲，是另一種形式的遊戲。我把遊戲想成真實和虛構間的另類實境過程。那是個安全的空間，我們可以在那裡實驗且再造自己，同時也冒一點險。我們透過遊戲將懷疑暫時擱置，假裝某件事是真實的，即便我們知道那是假的，也不必太過認真。

根據定義，遊戲是無憂無慮且毫不做作的，偉大的遊戲理論家約翰・赫津哈（Johan Huizinga）表示，遊戲的基本特點在於沒有其他目的，它的漫無目的，很難與高效率以及「事出必有因」的文化調和。於是，我們逐漸用好處來衡量遊戲，例如打壁球是為了增進心血管功能，帶孩子參加晚宴是為了擴展他們的味蕾體驗，度假是為了充電等。但是，如果我們被自我意識困擾，執著於結果或恐懼遭到批判，所得到的樂趣難免將打折扣。

在我們還小的時候，遊戲就這麼自然的發生，但我們操控遊戲的能力卻隨著年齡增長而衰退。性往往仍是我們准許自己去從事的最後遊戲，也是我們和童年之間的橋梁。當心靈早已被規範要中規中矩時，身體卻依舊是個自由區域，不受理性和批判的妨礙。我們藉由做愛，重新掌握孩子般不受控制的活動，那種還沒有發展出面對批判時的自覺。

情欲智慧

每隔一段時間，我就會遇到幾對伴侶，在臥房內外仍對彼此保有遊戲的感知。他們的身體和感官充滿生命力，即使身在追求立即滿足的文化中，也能把勾引本身視為一種目的。

十年來，喬漢娜的男友還是被她迷得暈頭轉向，她的祕訣是去郊區的汽車旅館幽會。達爾奈與愛人一起參加派對時，會假裝彼此不認識。

艾瑞克敘述，他跟太太深夜返家，會在公寓的巷道內做愛，這是他們在回家看孩子之前，偷偷摸摸享受的樂趣。

每一年，伊文和瑞秋會趁週末長假到外地去，在雙方同意下交換伴侶。傑西卡透過無線對講機和老公調情，將他從孤單中營救出來，她說：「與其對彼此存有祕密，我們選擇對其他人保有祕密。」

每天早上，里奧會對老婆說娶到她是何其有幸，哪怕兩人結婚已經超過半個世紀。遊戲是每對伴侶的感情核心，而情欲則延伸到性愛之外。他們做愛可以行禮如儀，或者突然起意；可以深情或務實，陽春或花俏，溫吞或火熱。重點是，性是令人愉快且動人的，而非只是盡義務。他們尊敬情欲（但卻以不敬為樂）；他們喜歡性愛，尤其喜歡跟彼此親熱，也花時間營造充滿情欲的空間。

許多伴侶都經歷過情欲的休眠期，這時彼此疏遠，或者悶頭實踐自己的計畫、過自己的生活。但他們並不因此恐慌，或害怕有哪件事壓根就是錯的，因為他們知道情欲也有陰晴圓缺，欲望會有時會消失一陣子，但只要彼此擁有足夠關注，就有辦法讓激動的感覺再次出現。

對他們而言，愛情就像裝載安全和冒險的容器，而承諾則是人生的一大奢侈，占有恆久的時間。婚姻不是浪漫的終點，而是起點，他們知道自己有好幾年的時間來深化關係、實驗、走回頭路甚至失敗，將感情視為有生命且永續的事，而不是既成事實。這是他們一起寫的故事，有許多章節，而雙方都不知道最後的結局。總會有還沒去過的地方，總會有尚待發掘的事。

現代關係集合了安全和刺激、踏實和超脫、愛情的安適和激情的火熱，在在都是互相衝突的渴望，我們什麼都想要，而且要從同一個人身上得到。家庭生活和情欲的調和是細緻的平衡過程，我們頂多也只能間歇性地達成。這需要你瞭解你的伴侶，並承認他不變的神祕；需要你創造安全感並接納未知，培養尊重隱私的親密感。你們時而分開、時而在一起，完美互補。欲望抗拒限制，許諾終身絕不能吞噬全部自由。

屬於家中的情欲需要你主動承諾，心甘情願，你需要與「婚姻是嚴肅的、努力多過遊戲，而激情只限於青少年與不成熟者」等觀念長期抗戰。當人人都抱怨性生活平淡無味，培養固定關係中的情欲，才是公然反抗之舉。

情欲徒刑：給困在親密關係卻失去性愛的你

作者—埃絲特・沛瑞爾 Esther Perel
譯者—陳正芬
主編—李國祥
責任編輯—麥可欣
企畫—葉蘭芳
封面設計—朱疋
美術設計—李宜芝
總編輯—李采洪
董事長—趙政岷
出版者—時報文化出版企業股份有限公司
一〇八〇一九臺北市和平西路三段二四〇號三樓
發行專線—（〇二）二三〇六—六八四二
讀者服務專線—〇八〇〇—二三一—七〇五
（〇二）二三〇四—七一〇三
讀者服務傳真—（〇二）二三〇四—六八五八
郵撥—一九三四四七二四 時報文化出版公司
信箱—一〇八九九臺北華江橋郵局第九九信箱
時報悅讀網—http://www.readingtimes.com.tw
電子郵件信箱—genre@readingtimes.com.tw
法律顧問—理律法律事務所 陳長文律師、李念祖律師
印刷—勁達印刷股份有限公司
初版一刷—二〇一七年十一月十七日
初版二刷—二〇二一年十二月九日
定價—新臺幣三二〇元

時報文化出版公司成立於一九七五年，
並於一九九九年股票上櫃公開發行，於二〇〇八年脫離中時集團非屬旺中，
以「尊重智慧與創意的文化事業」為信念。

情欲徒刑：給困在親密關係卻失去性愛的你/ 埃絲特・沛瑞爾（Esther Perel）著；陳正芬譯. -- 二版. -- 臺北市：時報文化, 2017.11
面； 公分. -- (人生顧問系列 ; 289)
譯自 : Mating in captivity : reconciling the erotic + the domestic

ISBN 978-957-13-7202-0 (平裝)

ISBN 9789571372020
Printed in Taiwan

MATING IN CAPTIVITY by Esther Perel

This edition arranged with Wendy Sherman Associates, Inc.
through Andrew Nurnberg Associates International Limited